AF277372

Todos los libros de Linkgua Ediciones cuentan con modelos de Inteligencia Artificial entrenados por hispanistas. Pregúntale al chat de tu libro lo que desees acerca de la obra o su autor/a.

Para ebooks: Accede a nuestro modelo de IA a través de un enlace.

Para libros impresos: Escanea el código QR de la portada con tu dispositivo móvil.

Obtén análisis detallados de nuestros libros, resúmenes, respuestas a tus preguntas y accede a nuestras ediciones críticas generativas para una experiencia de lectura más enriquecedora.

La transparencia y el respeto hacia la autoría de las fuentes utilizadas son distintivos básicos de nuestro proyecto. Por ello, las respuestas ofrecen, mediante un sistema de citas, las fuentes con las que han sido elaboradas.

Antonio Mira de Amescua

# El animal profeta

## Edición de Vern Williamsen

Barcelona **2025**
Linkgua-ediciones.com

## Créditos

Título original: El animal profeta.

© 2025, Red ediciones S.L.

e-mail: info@linkgua.com

Diseño de cubierta: Michel Mallard.

ISBN tapa dura: 978-84-9953-077-2.
ISBN rústica: 978-84-9816-077-2.
ISBN ebook: 978-84-9897-554-3.

# Sumario

## Brevísima presentación

### La vida

Antonio Mira de Amescua (Guadix, Granada, c. 1574-1644). España.

De familia noble, estudió teología en Guadix y Granada, mezclando su sacerdocio con su dedicación a la literatura. Estuvo en Nápoles al servicio del conde de Lemos y luego vivió en Madrid, donde participó en justas poéticas y fiestas cortesanas.

## Personajes

Julián
Ludovico, su padre
Rosamira, su madre
Vulcano, lacayo
Alejandro, viejo, padre de Irene
Irene, dama
Laura, criada de Irene
Federico
Laurencia
Arnesto
Enrique
Demonio
Duque de Calabria
Niño Jesús
Un Cojo
Un Ciego
Un Estudiante
Un Soldado
Una Mujer

## Jornada primera

(Sale Irene como que sale a un jardín.)

Irene                  Jardín hermoso y rico,
que en belleza compites
con aquél que celebra
la antigüedad en Chipre;
rosales, que en defensa
de las rosas felices
de espinas os armáis
agudas y sutiles;
hermosas clavellinas,
vergonzosas de oírme,
pues las hojuelas blancas
de púrpura se tiñen;
mosquetas olorosas
que estrellas parecistes
en cielo de esmeralda
si hay cielo tan humilde;
cándidas azucenas
dignas de que os estimen
por ricas, pues naciendo
grano de oro ofrecistes;
Artemisa gallarda,
vistosos alhelíes,
altivos girasoles,
que del Sol fuisteis linces;
sabed todas que Irene,
que es la que aquesto os dice,
palabras tan suaves
requiebros tan humildes
adora a Julián.
Mas, ¿qué es esto? ¿Yo os dije

tan guardado secreto?
La verguenza me oprime
que aunque la lengua calle
los ojos lo repiten.
Pero consoláráse
mi pensamiento firme
con pensar solamente
que es el suceso insigne.
Un papel me ha enviado
y no he podido abrirle,
por el temor de un padre
que celoso me sigue.
Vos, jardín, solamente
sois testigo apacible;
sed noble, y el secreto
a nadie se publique.
Aquéste es el papel;
la nema rompo humilde
y comienzo a leer
discursos que así dicen:

(Lee.)        Decísme, hermosa Irene,
que por el grave rigor
de un padre, mi grande amor
justo galardón no tiene.
Esta disculpa previene
poco amor que aunque he pensado
que tu padre el ser te ha dado;
que pienses también es justo
que el parentesco del gusto
es parentesco doblado.
    Quien ama, Irene, de veras,
si no nace de accidente
este amor, a inconveniente

no mira. Si tú quisieras,
a mil daños te opusieras,
cuanto más a un rigor leve
de un padre que mostrar debe,
como padre, algún rigor;
porque no hay constante amor
hasta que el rigor le pruebe.
    Apenas tu rostro vi
cuando al mirarte cegué,
y por mostrarte mi fe
toda el alma te ofrecí.
Saber quisiera de ti
si has de pagarme; o si no,
vuélveme el alma, que yo
si esto no vengo a escuchar,
por fuerza se la he de dar
al mismo que me la dio.

(Ha estado escuchando Vulcano lo último.)

Vulcano          ¡Qué conforme está con Dios
                 ese desdichado amante!

Irene           ¿Quién es?

Vulcano                 Cierto sobre estante.

Irene           ¿Vos sois?

Vulcano                 ¡Qué donoso vos!

Irene           ¿Cómo habéis entrado aquí?

Vulcano         Abierta la puerta hallé,

y por aqueso me entré.
Tened lástima de mí,
    y no os enojéis, señora;
que ciertos presagios malos
me andan anunciando palos
y pienso que ésta es la hora.

Irene                        Idos fuera.

Vulcano                        Aunque un perrengue
de Guinea o un lacayo
que exceda en altura a un mayo
mi pobre cuerpo derrengue,
    a palos no quiero irme,
ya que mi dicha halló entrada,
sin deciros mi embajada.

Irene                        ¿Qué tenéis vos que decirme?

Vulcano                        Que Julián, mi señor,
tan amante cuanto cruel,
la respuesta de un papel
os pide... —cese el rigor—
    os pide tan solamente...
—Pienso que ya os enojáis
y en altas voces llamáis
a la lacayuna gente—
    y juntamente me dijo...
(Espántase Vulcano.)   ¡Válgame Dios!

Irene                            ¿Qué te altera?

Vulcano            Algún palo pensé que era
de algún lacayo prolijo.

| | |
|---|---|
| Irene | ¿Qué os dijo más? |
| Vulcano | Saber quiere,<br>no es ésta mala señal,...<br>—Señora, si huelo mal<br>súfralo cuanto pudiere—<br>  Dijo que si acaso vos<br>responder no habéis podido,<br>que hoy, por sentirse afligido...<br>—efectos del ciego dios—<br>  con su padre va a la quinta<br>que junto a la vuestra está,<br>que hagáis vos por ir allá<br>pues veis el amor que os pinta.<br>  Y él entonces disfrazado,<br>fingiendo que va a cazar,<br>sus padres podrá dejar<br>y os hablará sin cuidado<br>  del vuestro, que tanto os cela,<br>donde sabrá la respuesta<br>de vos misma. |
| Irene | ¿Hay más? |
| Vulcano | Aquésta<br>es mi embajada. |
| Irene | Recela<br>el alma. |
| Vulcano | No receléis<br>de decirme vuestro intento. |
| Irene | ¿Tener agradecimiento, |

que es acción noble, sabréis?

Vulcano    Es un bárbaro villano
cualquiera que no agradece.

Irene    Mucho Julián merece
por galán y cortesano,
    pero no sé si me atreva
a descubrirme con vos.

Vulcano    ¿Cómo es eso? ¡Vive Dios!,
que aunque vuestro padre mueva
    y convoque más parientes
que ha tenido el padre Adán,
que todos no bastarán
a sacarme de los dientes
    una palabra, y aquésa
ha de ser un nones duro
como un hueso. Aquesto juro
por la vida de Teresa
    de Brillones, madre mía.

Irene    ¿Cómo os llamáis?

Vulcano    ¿Yo? Vulcano;
que tuve un padre romano
que por costumbre tenía
    ponernos por apellido
el nombre de un dios, y así
Vulcano me llamó a mí
que es un dios muy conocido.

Irene    ¿Sois bien nacido?

| | |
|---|---|
| Vulcano | No sé<br>si nací bien o si no.<br>La comadre que lo vio<br>dará testimonio y fe;<br>   pero soy cristiano viejo,<br>aunque como mal tocino<br>si no es magro. Ni del vino<br>bebo cuando no es añejo;<br>   y pinto en mi noble escudo,<br>aunque enemigo del agua,<br>unos hierros y una fragua. |
| Irene | Que sois honrado no dudo.<br>   ¿Una fragua? |
| Vulcano | Ya infiero<br>que pondréis inconvenientes;<br>mas póngola por parientes<br>de Vulcano, dios herrero.<br>   En hacer esto hago bien<br>por imitar muchos hombres,<br>que hurtando ajenos nombres<br>hurtan las armas también. |
| Irene | Bueno está. A vuestro señor<br>decid que tenga esperanza,<br>que si el que porfía alcanza,<br>porfiar no será error.<br>   Y que a mi padre diré<br>que, pues poco está distinta<br>la suya de nuestra quinta,<br>me lleve donde podré,<br>   pues tiene de ir disfrazado,<br>decirle mi pensamiento. |

| | |
|---|---|
| Vulcano | Salto y brinco de contento. |
| Irene | Advierte que esté guardado<br>   el secreto. |
| Vulcano |       El alma propia<br>será su custodia y guarda. |
| Irene | Adiós. |
| Vulcano |      Ya no me acobarda<br>ningún negro de Etiopia<br>   ni lacayo giganteo,<br>pues me parto como un rayo. |
| Irene | ¡Mi padre, ay de mí! |
| Vulcano |       Un desmayo<br>me cubre mortal y feo.<br>   Peor es la recaída.<br>¿Qué he de hacer? |
| Irene |         Perdida soy. |
| Vulcano | Una traza viendo estoy<br>que ha de venir a medida. |

(Sale Alejandro, viejo.)

| | |
|---|---|
| Alejandro |     ¿Dónde se pudiera hallar<br>a Venus, si no entre flores<br>donde pájaros cantores<br>la puedan lisonjear? |

|  |  |
|---|---|
| | Mas, ¿quién está aquí? |
| Irene (Aparte.) | (¡Ay de mí! |
| | Industria, a tu favor pido.) |

| | |
|---|---|
| Vulcano | A muy bien tiempo he venido, |
| | por bien empleado di |
| | el aguardar. ¿No es el padre |
| | vuesa merced de esta dama? |

| | |
|---|---|
| Alejandro | Sí, soy. |

| | |
|---|---|
| Vulcano | Pues hoy tuve fama |
| | que esta señora y su madre, |
| | pues ahora va de aquí... |

| | |
|---|---|
| Alejandro | ¿Su madre? Pluguiera a Dios; |
| | que hoy se cumplen años dos |
| | que su compañía perdí. |

| | |
|---|---|
| Vulcano | Cogióme, Dueña sería. |

| | |
|---|---|
| Alejandro | ¿Dueña? |

| | |
|---|---|
| Irene (Aparte.) | (Mi desdicha ordena.) |

| | |
|---|---|
| Vulcano | O era algún capón en pena |
| | porque barbas no tenía. |

| | |
|---|---|
| Alejandro | En efecto, ¿qué buscáis? |

| | |
|---|---|
| Vulcano | Tuve, como dije agora, |
| | fama que aquesta señora |
| | a quien vos «hija» llamáis, |
| | era mujer muy curiosa; |

y así a informarme he venido
si unas piedras que he traído
de la Escitia calurosa
   las quiere ver y comprar,
si alguna de ellas le agrada.

Alejandro       ¿Dónde están?

Vulcano              En la posada,
porque acabo de llegar
   en este punto.

Alejandro             Y decid,
¿Qué virtudes tienen?

Vulcano               Muchas,
porque son piedras machuchas.

Alejandro       Parte de ellas referid.

Vulcano          Una, que se llama —el nombre
se me olvida— así berruga,
que dentro de una tortuga
se la vino a hallar un hombre,
   trayéndola en el sombrero
un calvo no lo será.

Alejandro       ¿Cómo así?

Vulcano             Se le caerá
el cabello todo entero.

Alejandro       ¿Y eso no será peor?

| Vulcano | No, señor, que bien mirado, |
| | mayor gala es ser pelado |
| | que calvo. |

| Alejandro | ¡Qué lindo error! |

| Vulcano | Otra llaman chinfonía, |
| | pero pesa mucho. |

| Alejandro | ¿Cuánto |

| Vulcano | Seis o siete arrobas. |

| Alejandro | ¿Tanto? |
| | ¿Y tan lejos la traía? |

| Vulcano | Tiene virtud tan notable |
| | que ella se viene tras mí. |

| Alejandro | Tal maravilla no vi. |

| Vulcano | No yo tampoco. |

| Alejandro | ¡Admirable |
| | grandeza! |

| Vulcano | Esta piedra hará |
| | nacer barbas a un capón. |

| Alejandro | Tendrá grande estimación. |

| Vulcano | Siete millones valdrá. |

| Alejandro | Pues, ¿cómo se hace el remedio? |

| | |
|---|---|
| Vulcano | Sin algún peligro o daño, |
| | ha de tomar cada un año |
| | el capón adarme y medio |
| | de aquesta piedra, y molida |
| | la ha de beber en un vaso |
| | de vino, y a aqueste paso |
| | el día que esté bebida |
| | toda la piedra, tendrá |
| | más barbas que un ermitaño. |
| | |
| Alejandro | Si ha de tomar cada un año |
| | adarme y medio, será |
| | forzoso el vivir millones |
| | de años. |
| | |
| Vulcano | A pocos place. |
| | Por aquesto solo se hace |
| | para inmortales capones. |
| | Otra piedra aquésta es |
| | —la que se maneja más— |
| | que en el Pece Nicolás |
| | halló un rubio calabrés. |
| | Llámase zarabullí. |
| | Con aquesta no hay mujer |
| | difícil de pretender. |
| | |
| Alejandro | Ya de aquesa piedra oí. |
| | |
| Vulcano | Aunque sea un Lucrecia, |
| | si aquesta piedra preciosa |
| | toca, la hace amorosa. |
| | Le estima, le adora y precia |
| | al que la tiene, y se va, |

aunque no quiera, tras él
amante amorosa y fiel.

Alejandro       Eso imposible será,
                   porque ni aun el cielo puede
                vencer el libre albedrío.

Vulcano         Esta piedra, señor mío,
                a cuantas ha habido excede
                   en tocando a la mujer
                que menos gusto apetece.
                Luego, al momento, parece
                que aquel oculto poder
                   la expele la garipundia,
                la dispone, la aconseja,
                y sobre todo, la deja
                más suave que una enjundia.
                   ¿Otra?

Alejandro          No me digas más,
                pues ninguna he menester.

Vulcano         Libre me quisiera ver.

Irene           Haz cuenta que libre estás.

Alejandro          Idos con Dios.

Vulcano                    Él os guarde.
                Yo voy de contento loco.
                Adiós.

Alejandro          Esperad un poco.

| | |
|---|---|
| Vulcano (Aparte.) | (Si ha de haber palos no es tarde.) |
| Alejandro | ¿Hija? |
| Irene | ¿Qué mandáis, señor? |
| Alejandro | Hoy por divertirte quiero, |
| | sirviendo yo de escudero, |
| | que vayas a Miraflor, |
| | nuestra quinta, donde pienso |
| | estar cuatro o cinco días. |
| Irene | Dais a las tristezas mías, |
| | con eso, consuelo inmenso. |
| Vulcano (Aparte.) | (Todo se negocia bien.) |
| Alejandro | Vete a prevenir mejor. |
| Irene (Aparte.) | (Dile aquesto a tu señor.) |
| (Vase.) | |
| Vulcano (Aparte.) | (Sí, haré.) |
| | Sí, me voy también. |
| Alejandro | Perdonadme, caballero. |
| Vulcano | Antes quisiera, por Dios, |
| | que me perdonárais vos. |
| | A que me mandéis espero. |
| Alejandro | La piedra zarabullí, |
| | con quien no hay mujer segura, |

he menester.

Vulcano        Mi ventura
es el serviros;  aquí
  os la traeré.

Alejandro        Tengo amor
a cierta dama, y quisiera
que la piedra parte fuera
para aplacar su rigor.

Vulcano (Aparte.)   (Perdido está el mundo ya.)

Alejandro   Yo os la pagaré muy bien.

Vulcano (Aparte.)   (Basta que Matusalén
enfermo de amor está,
  mas cogeré el dinerillo.)

Alejandro   Id sin hacerme aguardar.

Vulcano (Aparte.)   (¡Vive Dios!, que le he de dar
un pedazo de ladrillo.)

(Vanse y salen Julián en su hábito de villano y Rosamira y su padre Ludovico de campo.)

Ludovico        No por estar en la quinta
apartado de la corte
es bien que el vestido dejes,
Julián.

Julián        Los que son nobles
no por el vestido humilde

se encubren y desconocen.
El metal que engendra el Sol
no por estar entre el bronce
ni entre el pardo plomo pierde
de su valor, porque entonces
entre metales humildes
más se muestra y se conoce.
Ni el resplandor del diamante
no por engastarse en cobre
deja de ostentar belleza
en fulgidos resplandores.
Supuesto esto, aunque yo vista
este sayal tosco y pobre
no perderé de quien soy,
que nunca el valor se esconde.

Rosamira        La novedad me ha admirado.

Ludovico        Querrá decir que los robles,
las sendas y los peñascos,
y las malezas del monte,
como salir quiere a caza,
le obligan que el traje tome
del vestido labrador.

Julián        Mis pensamientos conoces
como padre, al fin.

Rosamira            Pues tú,
¿no has cercado este horizonte
otras veces adornado
de tus vestidos mejores
hecho segundo Narciso
si no verdadero Adonis?

| Julián | Importa en esta ocasión |
|---|---|
| | que deje el vestido noble, |
| | porque ha venido una fiera |
| | a la espesura del monte |
| | que se ceba solamente |
| | en altivos corazones |
| | y a los humildes perdona |
| | para preciarse de noble. |
| | Yo, que cazarla pretendo |
| | con la industria que altas torres |
| | y pirámides excelsas |
| | por el suelo humildes pone, |
| | dejo el gallardo vestido, |
| | y aquéste he escogido pobre, |
| | para que no haciendo caso |
| | de mí no muestre rigores; |
| | y yo a mi salvo la venza |
| | y dueño suyo me nombre. |

| Rosamira | Mira, hijo, lo que haces, |
|---|---|
| | que en estos ásperos bosques |
| | hay muchas fieras crueles |
| | y hay animales feroces. |
| | Mira no sea causa alguna |
| | que tus años se malogren, |
| | y que tu temprana muerte |
| | tus ancianos padres lloren. |
| | Ya te he dicho muchas veces |
| | que he soñado varias noches |
| | que te he perdido; no quieras |
| | que las que son ilusiones |
| | parezcan después verdades. |

| Julián | Ésos son vanos temores |
|---|---|
| | nacidos de la afición |
| | paternal; el que dispone |
| | sobre todo es Dios. De Dios |
| | son dependencias conformes |
| | los sucesos de esta vida, |
| | las desdichas de los hombres. |
| | Si de Dios, padres, está |
| | el perderme, aunque en las torres |
| | más fuertes e inexpugnables |
| | me guardéis, las abre y rompe |
| | una palabra de Dios, |
| | y me perderéis entonces. |
| | Pero si de Dios no está, |
| | los poderes superiores |
| | del mundo no bastarán, |
| | aunque se convoque el orbe |
| | amenazando con iras. |
| | castigando con rigores. |

| Ludovico | Es verdad, hijo, mas piensa |
|---|---|
| | que Dios ha dado a los hombres |
| | libre albedrío. Con éste |
| | deben los cuerdos varones |
| | prevenirse a las desdichas |
| | y resistir a sus golpes |
| | antes que a su puerta lleguen, |
| | que no porque hay opiniones |
| | que está el fin determinado |
| | al punto que nace el hombre |
| | es justo que se remita |
| | al fin que Dios lo dispone. |
| | Obrar bien es acertado, |
| | y librarse de ocasiones |

donde peligra la vida.
Es de prudentes y nobles
si, viviendo de esta suerte,
vienen sucesos atroces,
sufrirlos considerando
que son del cielo favores;
mas tomarlos con las manos
es acción bárbara y torpe.

Julián      Vuestros consejos, señor,
por justos los reconoce
el alma.

Rosamira            ¿Tienes de ir solo?

Julián      Vulcano y dos cazadores
han de ir conmigo.

Rosamira                Y la vuelta,
¿cuándo ha de ser?

Julián                    Esta noche.

Rosamira    Plegue a Dios que sea por bien.

Ludovico    Entra en la quinta y no llores,
que no va a tierra enemiga,
sino a cazar a esos bosques.

(Vanse.)

Julián      Ya sé que ha de ser la caza,
si es que el amor me socorre,
la mejor que se haya visto

entre amantes cazadores.
Mucho se tarda Vulcano,
mas no tarda si tuvo orden
para hablar a Irene hermosa
y escucharla sus razones
mansamente, si querrá,
para que mi amor se logre.
Si vendrá a la quinta, cielos,
permitid que no me estorbe
ningún suceso esta dicha.
Aquí un arroyuelo corre
de una fuente despeñado
que está en la cumbre del monte.
Subir quiero porque den
a mis ansias superiores
fresco alivio sus cristales.
Mas, ¿qué voz es la que se oye?

(Canta dentro.)

Músico          «¿Dónde vas el cazador?
¿Dónde vas, triste de ti,
tú que a tu padre y tu madre
has de dar mísero fin?»

Julián            ¿Sí habla esta voz conmigo?
Sí, pero no puede ser.
¿Yo tengo a quien me dio el ser
de dar mísero castigo?
¿Yo tirano? ¿Yo enemigo?
¿Con mis padres? Eso no.
Mil veces la voz mintió,
pero ya vuelve a cantar.
Atento quiero escuchar

si es que el temor me engañó.

(Canta.)

Músico   «Airado contra tus padres,
como bárbaro gentil,
esconderás en sus pechos
el acero entre el rubí.»

Julián   ¿Yo, en los pechos inocentes
de mi padre y madre viejos,
siendo piadosos espejos
donde se miran prudentes
mis acciones obedientes,
había de ensangrentar
el acero, ni matar
a los que vida me dieron?
¿A los que el ser me infundieron
el ser había de quitar?
¿Qué bárbaro hiciera tal
con otros brutos iguales?
¿Si vemos los animales
sin discurso racional
tenerse afición igual
con los que les dieron ser?
Pues yo, que llego a tener
entendimiento, ¿tenía
de intentar tal tiranía?
Ilusión debió de ser.
¿Qué mal mis padres me hicieron
para darles tal castigo?
Sin duda algún enemigo
de los que envidia tuvieron
al valor que conocieron

**29**

en mí por darme pesar
esto ha querido cantar
adonde lo oyese yo;
pero si no le tragó
el monte, le he de buscar,
    y castigar su osadía;
mas un ciervo, feliz suerte,
quizá buscando su muerte
camina a la fuente fría.
Seguiréle aunque se fía
de superior ligereza.
Ya se esconde en la maleza
del monte. Bruto animal,
el golpe de este puñal
repara. ¡Brava destreza!

(Tírale.)           Todo el cuerpo le pasó
el puñal que le tiré,
y tan penetrante fue
que luego al punto cayó.
En los ramos pienso yo
su centro y sepulcro ha sido.

(Levanta unos ramos como puerta de cueva y vése una cabeza de ciervo clavada con un puñal y dice uno detrás.)

Voz             ¿Qué miras?

Julián                   Pierdo el sentido.
¡Vive Dios!, que el ciervo ha hablado,
el cabello se ha erizado,
y el alma se ha suspendido.

Voz                  No tengas por gran hazaña
lo que hoy en matarme has hecho,

pues que se guarda en tu pecho
otra más fiera y extraña.
Que un hombre que le acompaña
tal crueldad, que ha de matar
sus padres y ha de intentar
caso tan duro y acerbo,
no es mucho que mate un ciervo
saliendo al monte a cazar.

(Cúbrese.)

Julián            El primero fui del mundo;
no hay de este caso otro ejemplo.
Ya me admiro si contemplo
que no me traga el profundo.
¡Oh, portento sin segundo!
La pena y dolor me inquieta;
y el corazón se sujeta
a la desgracia ya dicha,
pues que para mi desdicha
un animal fue profeta.
   La voz también me avisó,
pero a la voz no creí;
al difunto ciervo sí,
pues era mudo y habló.
¿Para qué el cielo me dio
ser? ¿Para qué me formasteis,
padres? ¿Por qué me criasteis,
un tirano que os advierte
que engendrasteis vuestra muerte
el día que me engendrasteis?
   Vosotros me disteis ser,
y yo he llegado a escuchar
que os le tengo de quitar.

Pues parricida he de ser,
venga todo el mundo a ver
aqueste prodigio aquí
donde culpado no fui.
Pues, sin que interés me cuadre,
he de matar padre y madre,
y los quiero más que a mí;
    pues ponerme yo a pensar
que ellos podrán causa darme
tan fuerte que ha de obligarme
a ello es filosofar,
causa donde pueda hallar
mil castigos que me den,
porque reparo también
que el hijo bueno y leal
si el padre le trata mal
ha de servirle más bien.
    Éste es astro riguroso,
sin duda, que compelerme
tiene algún día y ponerme
en caso tan lastimoso;
pero si al astro furioso
un hombre sabio atropella,
y deshace, pisa y huella
sus efectos, yo seré
sabio agora y venceré
los efectos de mi estrella.
    Vive Dios, que he de dejar
mi patria, y tengo de ir
donde no pueda cumplir
lo que he llegado a escuchar.
Tú, Irene, has de perdonar;
que aunque es de nobles y buenos
el no emprender hechos ajenos

de quien son, también sabrás
que no es bien perder lo más
por quedarse con lo menos.

(Sale Vulcano.)

Vulcano          Cansado ya de buscarte,
quise a la quinta volverme.
Dame albricias

Julián                    Calla, necio,
si no quieres darme muerte.

Vulcano          Bueno es eso cuando yo,
solo por obedecerte
y servirte, entré en la casa
de la bellísima Irene.
Aunque el padre me halló dentro,
supe astuto defenderme
con zarabullí y berruga,
preciosas piedras de oriente.
Y cuando al fin a la quinta
la he traído para verte,
y te está esperando junto
a aquel peñasco eminente,
dejando al viejo ocupado
en los arroyos y fuentes
de la quinta, ¿dices eso?

Julián           Efectos son de mi suerte.
El cuidado te agradezco,
pero vuelve, y dile a Irene
que se vuelva con su padre
y me perdone; que quieren

los cielos que no sea digno
de gozar la blanca nieve
de su mano. Pero escucha;
no vuelvas. Porque si vuelves
y ella al oír tus palabras
el corazón enternece,
y por sus divinos ojos
algunas lágrimas vierte,
podrán tal fuerza tener
que basten a detenerme.

Vulcano      ¿Qué quieres hacer?

Julián              Dejar
la patria.

Vulcano        ¿Estás loco?

Julián            Advierte.
Tienen mis padres en mí
un verdugo de sus muertes
y quiero serles piadoso.

Vulcano      ¿Qué dices?

Julián           Oye, atiende.
¿Ves, Vulcano, este ciervo
que yace herido de muerte,
que vertiendo roja sangre
las esmeraldas convierte
en rubíes?

Vulcano          Ya le veo.

| | |
|---|---|
| Julián | Pues, éste, amigo, al quererle<br>descubrir de entre estos ramos<br>me habló. |
| Vulcano | ¿Qué dices? |
| Julián | Advierte<br>que me dijo que a mis padres<br>daría rigurosa muerte. |
| Vulcano | El hablar no es maravilla<br>que aunque son callados siempre,<br>hay muchos ciervos que hablan.<br>Mas lo que puede moverte<br>y admirarte es el decir<br>que en un noble pecho puede<br>caber maldad semejante. |
| Julián | El presagio es evidente;<br>y cierto que entre esos olmos<br>y esos pinos siempre verdes<br>oí una voz que cantaba<br>las exequias de dos muertes<br>y de mi desdicha. |
| Vulcano | Y bien,<br>¿qué determinas? |
| Julián | Valiente<br>pienso ser aquesta vez<br>contra efectos tan crueles<br>de mi estrella. Dos caballos<br>saca, Vulcano, a la fuente<br>a quien circuyen altivos |

cuatro funestos cipreses,
y trae también dos vestidos
que en una maleta lleve.

Vulcano      Pues, ¿te has de ir sin despedirte?

Julián       Sí, amigo, que son muy fuertes
             las lágrimas en mujer,
             y podrían detenerme.

Vulcano      ¿Dónde tienes de ir?

Julián                       Adonde
             nuestra fortuna quisiere.

Vulcano      Vamos, pues.

Julián                     Padres, adiós.
             Adiós, bellísima Irene,
             y si te dejo perdona,
             que amor de padres me mueve.

Vulcano      Adiós, Albania, que un ciervo
             de ti desterrarnos quiere,
             que alcanzan los ciervos mucho
             por animales pacientes.

(Vanse y sale Irene de campo.)

Irene        Descuidado amante ha sido
             Julián, pues descuidado
             mi padre lugar me ha dado
             y él gozarlo no ha querido.
                Opinión cierta es la mía

que el que tiene más amor
en alcanzando un favor,
parte del amor enfría.
   Aunque según se ha mostrado
Julián, advierto ya
que inconveniente tendrá
que también le haya estorbado.
   Mas con todo ha de aguardar
mi pensamiento amoroso,
pues mi padre cuidadoso
me ofrece tanto lugar.
   Arroyos murmuradores
me convidan y esta murta
y el jazmín que al ámbar hurta
aromáticos olores;
   toda la selva da sombra
y aqueste verde laurel
sirve de solio y dosel
y aquestas flores de alfombra.
   Aquí me quiero sentar.
Mas, ¿quién viene?

(Sale Laura.)

Laura               ¿Cómo es esto?
¿Ya le has hablado tan presto?

Irene     Ni aún le he comenzado a hablar,
           Laura.

Laura         Pues, mejor te ha estado;
que yo pensé maliciosa
que a Julián amorosa
ya por dueño habías nombrado

|        |                                    |
|--------|------------------------------------|
|        | de tu honor, y él como ingrato     |
|        | te dejaba. Y no te asombres        |
|        | que lo piense; que en los hombres  |
|        | es muy común este trato.           |

Irene      ¿Qué dices?

Laura      Que en dos caballos
de ligereza tan brava
que el viento atrás se quedaba
envidioso de mirarlos,
    él y un criado que tiene
el camino van siguiendo
de Ferrara, y van diciendo:
«Adiós, patria. Adiós, Irene.»

Irene      ¡Ay, ingrato, falso enemigo!

Laura      Con más razón lo sintieras
si ya tu dueño le hicieras
y te diera este castigo;
    mas si no te debe nada,
quede esta afición en calma.

Irene      ¡Ay, que me ha llevado el alma,
que es la joya más preciada!
    ¿Podrá verse ya?

Laura      No sé,
mas salgamos de estos ramos;
podrá ser que los veamos
subir la cuesta.

Irene      ¿Qué haré

sin el alma que me lleva?

Laura                    Tu amor ha quedado en calma.

Irene                    A no haberle dado el alma
me la quitara esta nueva.

(Vanse y salen Julián de camino, galán, y Vulcano.)

Vulcano              ¿Estás loco?

Julián                      ¿Qué sé yo?

Vulcano              Pues apenas te resuelves
a partirte cuando vuelves.

Julián                  De Irene se me acordó,
   y al punto que me acordé
de su rostro por quien peno,
monte fue que no fue freno
el que al caballo tiré.

Vulcano              ¿Y tus padres?

Julián                        No me acuerdes
historia de tal pesar.
Déjame agora lograr,
si puedo, mis años verdes
   con la bellísima Irene.

Vulcano              Yo entendí que había hablado
de camino otro venado
de tantos que el monte tiene
   y que vinieses mandó.

| | |
|---|---|
| Julián | No seas necio ni pesado. |
| Vulcano | ¿Es mucho que hable un venado<br>a quien un ciervo le habló? |
| Julián | Escucha, que de esa peña<br>van bajando dos mujeres. |
| Vulcano | La una es por quien mueres. |
| Julián | Gloria y gusto amor me enseña. |

(Dentro las dos.)

| | |
|---|---|
| Irene | Plegue a Dios, falso enemigo,<br>que sin poder enfrenallo<br>te despeñe tu caballo<br>y mueras por más castigo. |
| Vulcano | Todas estas maldiciones<br>a ti van encaminadas. |
| Julián | Palabras son regaladas. |
| Vulcano | Con capa de bendiciones. |
| Irene | Plegue a Dios, pues me engañó<br>tu tierno hablar, dulce y blando,<br>que mueras, traidor, rabiando<br>y que acabes como yo.<br>    Y ruego… |
| Laura | Basta el rigor. |

| | |
|---|---|
| Irene | ...que pues causaste mis daños |
| | que vivas inmensos años |
| | para que pagues mi amor. |

(Salen Irene y Laura.)

| | |
|---|---|
| Julián | ¿A quién son, divina Irene, |
| | maldiciones semejantes? |

| | |
|---|---|
| Irene | A ti, ingrato. |

| | |
|---|---|
| Julián | ¿A mí? ¿Por qué? |

| | |
|---|---|
| Irene | Porque otra vez no me engañes; |
| | ¿no dijiste, Laura...? |

| | |
|---|---|
| Laura | Calla. |
| | Yo pude acaso engañarme. |

| | |
|---|---|
| Julián | ¿Yo te he engañado? |

| | |
|---|---|
| Irene | Tú, pues, |
| | pues a decirme enviaste |
| | que por supremo favor |
| | a la quinta con mi padre |
| | viniese, porque querías, |
| | disfrazado, en ella hablarme. |
| | Y cuando por verte vengo, |
| | y entre murtas y arrayanes |
| | a mi viejo padre dejo, |
| | y salgo al monte a buscarte, |
| | me dice Laura que tú |
| | y ese pícaro que traes |

a tu lado en dos caballos
que desafían al aire
vais camino de Ferrara,
diciendo con voces grandes:
«Adiós, patria. Adiós Irene.»

Julián           ¡Ése es engaño notable!
¿Yo había de dejar tus ojos?
¿Yo, Irene, di, apartarme
había de tu presencia?
Laura, mira que engañarte
pudiste.

Laura              Yo lo confieso.

Vulcano        Este ejemplo solo baste.
Sacó un día un caballero
de la casa de sus padres
una moza, y la justicia
hizo diligencias grandes.
Y un sastre, porque no hay cosa
en que no se hallen los sastres,
vio salir desde algo lejos
a caballo un caminante,
y puso pies en pared
con juramento muy grande
que era el galán y la moza;
y fueron luego a buscarles
los padres y la justicia
con alboroto notable,
y hallaron en tres borricos
un cardador y dos frailes.
Y así pudo Laura hacer.

| | |
|---|---|
| Julián | ¿Yo, partirme? ¿Yo ausentarme<br>de tus ojos donde tiene<br>depositados diamantes<br>Amor, como en tus mejillas<br>sartas de rojos granates?<br>¿Estaba yo sin juicio? |
| Irene | No pienses que has de engañarme<br>otra vez. |
| Vulcano | Ea, leona,<br>ten lástima de este amante<br>más que un francés afligido<br>que le han quitado el dinare.<br>Laura, ruégaselo tú. |
| Laura | No es bien que el tiempo se pase<br>en demandas y respuestas<br>cuando no podrá hallarse<br>tan presto ocasión tan buena. |
| Irene | ¿Tienes de irte? |
| Julián | ¿Qué ignorante<br>ha de dejar bienes ciertos<br>por buscar dudosos males? |
| Irene | ¿Serás mi esposo? |
| Julián | Seré<br>tu esclavo mientras durare<br>aquesta alma que es tan tuya<br>y en tu amor seré constante. |

| Irene | Tuya soy; tuya es mi vida. |
| | Haz, Julián, que se trate |
| | el casamiento, si gustas, |
| | con el tuyo y con mi padre. |

| Julián | Y entre tanto, ¿qué he de hacer? |

| Irene | Esta semana he de estarme |
| | en la quinta disfrazada, |
| | y podrás en ella hablarme, |
| | y algunas veces de noche. |

| Julián | Dame una mano en que estampe |
| | mi boca en señal del bien |
| | que el amor promete darme. |

| Irene | El alma y la mano es tuya. |

| Vulcano | ¿Has de irte agora? |

| Julián | No hables. |
| | No me iré aunque sea cierto |
| | el dar la muerte a mis padres. |

(Salen Ludovico y Rosamira.)

| Ludovico | Muy bien ocupado estás, |
| | hijo. |

| Julián | Mi ventura grande |
| | quiso que al bajar del monte |
| | tan dichoso encuentro hallase; |
| | hija de nuestro vecino |
| | Alejandro, que a holgarse |

hoy a este campo ha venido,
es la bella Irene.

Rosamira                    Un ángel
es, por mi vida.

Ludovico                    Con verte,
hijo Julián, deshaces
nuestras profundas tristezas.

Rosamira        Dios, hijo querido, sabe
lo que he sentido esta ausencia,
si ausencia puede llamarse
estar ausente dos horas.

Julián (Aparte.)    (¡Fuerte y riguroso trance!
¡Que haya yo de dar la muerte
a dos tan queridos padres,
y sabiéndolo no huya
de ocasión tan fiera y grave!
Cruel soy, mas ¿qué he de hacer
si la hermosura notable
de Irene es freno que tira
mis pensamientos leales?
Mas, por un breve deleite
que tan fácil puede hallarse
en cualquier tierra, ¿he de ser
patricida? ¡Oh, gusto infame!
¡Oh, bárbaro pensamiento!
¡Dura ley! ¡Crueldad notable!
Muera el amor, y la vida
de mis padres —que Dios guarde—
permanezca.) Hola, Vulcano.

| | |
|---|---|
| Vulcano | ¿Qué mandas? ¿Hay huracanes? |
| | ¿Hate vuelto a hablar el ciervo? |
| | |
| Irene | ¿Qué tienes, mi bien? |
| | |
| Julián (Aparte.) | (¡Oh lance |
| | fiero! ¿Que yo he de partirme? |
| | ¿Yo he de atreverme a dejarte? |
| | No te quiero nada. Vete, |
| | que yo sabré reportarme |
| | y evitar las ocasiones |
| | y disgustos de mis padres.) |
| | |
| Rosamira | Hijo mío, a descansar |
| | entra, que muero por darte |
| | mil abrazos. |
| | |
| Julián (Aparte.) | (¿Este amor |
| | paternal, esta entrañable |
| | afición no me enternece? |
| | Que sepa yo que inmutable |
| | es la sentencia que el cielo |
| | tiene dada, y por amante |
| | necio no quiero vencer |
| | los efectos miserables |
| | de mi rigurosa estrella.) |
| | Vulcano amigo, oye aparte. |
| | |
| Vulcano | Válgate el diablo por ciervo |
| | si un momento nos dejases. |
| | |
| Julián | ¿A dónde están los caballos? |
| | |
| Vulcano | Entre aquellos verdes sauces. |

| | |
|---|---|
| Julián | Vámonos, luego. |
| Vulcano | ¿Qué dices? |
| Julián | Adiós, Irene. Adiós, padres. |
| Ludovico | ¡Hijo mío! |
| Irene | ¡Julián! |
| Julián | Dos amores me combaten, Irene, mía. Señora. |
| Irene | ¿Qué dices? |
| Julián | Quiero quedarme. |
| Rosamira | ¿Dónde vas? |
| Julián | Partirme quiero. |
| Irene | ¡Mi bien! |
| Julián | Morir es más fácil que ausentarme. |
| Ludovico | Hijo querido, ¿qué haces? |
| Julián | Si he de matarte, quiero huir de la ocasión. Ven, Vulcano. Irene, padres, a tierra extraña me voy. |

|                     | Unos y otros, perdonadme,          |
|                     | que porque viváis los dos          |
| (Vase Julián.)      | quiero de Albania ausentarme.      |

| Ludovico            | ¿Qué es esto, Vulcano, amigo?      |

| Vulcano             | No os daré razón bastante,         |
|                     | mas de que un hermano ciervo       |
|                     | de esta manera nos trae.           |

(Vase Vulcano.)

| Irene               | ¡Ah, traidor, que has engañado     |
|                     | mi libertad libre y fácil!         |

| Rosamira            | ¡Ay, hijo, que con tu ausencia     |
|                     | has de matar a tus padres!         |

| Laura               | Ya en los ligeros caballos         |
|                     | suben los dos. Ya se parten.       |

(Dentro.)

| Julián              | Adiós, patria. Adiós, Irene.       |
|                     | Adiós, padres.                     |

| Irene               | ¡Ah, inconstante!                  |

| Ludovico            | Hijo mía, aguarda. Espera.         |

| Irene               | Aguarda, fingido amante.           |

(Desde lejos.)

| | |
|---|---|
| Julián | Para que viváis los dos, |
| | venciendo yo los combates |
| | de mi rigurosa estrella, |
| | me ausento así. Perdonadme. |
| | |
| Ludovico | ¡Hijo! |
| | |
| Irene | ¡Julián! |
| | |
| Rosamira | ¡Mi hijo! |

(Desde lejos.)

| | |
|---|---|
| Vulcano | No tienen ya que llamarle, |
| | que el ciervo le habla al oído |
| | y dice que no se pare. |
| | |
| Julián | Adiós, adiós. |
| | |
| Rosamira | Ya no se oye. |
| | |
| Irene | ¡Ah, hombres falsos y mudables! |
| | |
| Rosamira | Tú has desterrado a mi hijo. |
| | |
| Irene | Vosotros le desterrasteis. |
| | |
| Rosamira | Plegue a Dios que no le goces. |
| | |
| Irene | Plegue a Dios que él mismo os mate |
| | a puñaladas crueles, |
| | pues su ausencia ha de matarme. |

Fin de la primera jornada

## Jornada segunda

(Salen Vulcano y Julián, de gala.)

Vulcano                Ventura te dé Dios, hijo,
que el saber importa poco,
dijo una vieja.

Julián                    Estoy loco,
Vulcano, de regocijo.
  Venturosa acierto fue
el dejar mi patria cara
entonces; pues en Ferrara
riqueza y padres hallé,
  y sobre todo un portento
de belleza y hermosura.

Vulcano                Como agora tu ventura
no halle nuevo impedimento,
  u otro ciervo te parezca
que algún embuste te diga,
oficio te hace de amiga
la Fortuna, y que te ofrezca
  aquese bien es forzoso.

Julián                 Un mes ha que estoy casado.
Quien ha tan dichoso estado,
nombre le da de enfadoso;
  paréceme que en el ciclo
estoy por un tiempo breve.

Vulcano                No hay casado que no lleve
con grande gusto y consuelo
  en flores noches y días

pero después se marchitan
los gustos, glorias se quitan;
o menguan las alegrías;
    o bien faltando la hacienda,
causa de muchos desvelos;
o sobreviniendo celos,
fuerte y pesada contienda
    en casados; pero en ti,
que alcanzas tanto poder
y tan divina mujer
que te adora más que a sí,
    todo el tiempo será igual
aunque vivas dos mil años.

Julián            ¡Oh, bien hayan los engaños,
que aquel herido animal
    monstruosamente hablando,
lleno de espanto escuché!
Pues por ellos me ausenté
donde me estaba aguardando
    tanto bien. Y venturosa
la noche apacible y clara
que entré dentro de Ferrara,
adonde con cautelosa
    emboscada dar quería
muerte al duque algún traidor,
si yo con el gran valor
que mi pecho noble cría
    no me pasara a su lado
y su vida defendiera.
Causa en mi dicha primera
por donde el duque me ha honrado
    con oficios en su casa,
y con la bella Laurencia

cuya divina presencia
mi pecho de amor abrasa.

Vulcano                ¿Ya no volverás jamás
a Albania?

Julián                  Vulcano, no,
que así pienso vencer yo
mi estrella

Vulcano                 Sí, vencerás;
que del cielo no está ya
que hayas de ser parricida.

Julián        Si yo, Vulcano, en mi vida
de volver no tengo allá,
   ni ellos acá han de venir,
pues no saben dónde estoy,
¿cómo puede ser?

Vulcano                  Yo soy
una bestia.

Julián                Así ha de huir
  el sabio, que serlo quiere,
aunque algún gusto le cueste,
su mal influjo celeste,
porque fama y nombre adquiere
  con hacerle resistencia.

Vulcano        ¿Y la bella Irene?

Julián               Calla,
que andas muy necio en nombralla

adonde vive Laurencia.
　Mas, porque memoria ajena
no me divierta, entra y di
que quien la ama más que a sí
su beldad de gloria llena
　la queda aguardando fuera.
Pero aguarda; yo entraré,
y el parabién ganaré
que de su boca me espera.

Vulcano　　　　Comparaba un discreto el casamiento
a un soldado que en la playa alienta
por regalarse en una y otra venta
el tiempo del sabroso alojamiento.
　Llega a embarcarse lleno de contento
porque el oro que lleva le alimenta;
métenle en un presidio a buena cuenta
donde pasa veinte años de tormento.
　Cásase un hombre, y en sus alegrías
se verán bien aquestos mismos daños,
pues por lograr sus locas fantasías,
　del cuerdo ejemplo o de necios engaños
escoge un cielo de tan breves días
por un infierno de tan largos años.

(Ve a Federico.)

Julián　　　　No hay gusto en esta vida
que no tenga pensión al mismo unida;
y estímanse los gustos
no porque son destierros de disgustos
ni por tener tal nombre,
sino por ser tan breves en el hombre.
De Federico, el hermano

del duque mi señor, pecho tirano,
¿no apercibes desvelos?
¿Desvelos dije? ¡Si parecen celos!
Federico, en efeto,
con Laurencia está hablando en gran secreto.
Y pienso —¡ay, suerte mía!—
que su amor como amante pretendía
antes que yo llegase,
y sus cándidas manos enlazase.
Y es fácil argumento,
pues él quiso impedir mi casamiento
diciendo que era agravio
hecho a la sangre del difunto Octavio,
padre de mi Laurencia,
ofrecerla con tanta inadvertencia
a un hombre forastero.
Sus criados son éstos; callar quiero
y retirarme a un lado.

(Salen dos criados de Federico, Arnesto y Enrique.)

Arnesto          Un hora y más habemos esperado,
                 y de salir no acaba.

Ernesto          Arnesto, no te espantes; que hablaba
                 a esta mujer divina,
                 y no porque es casada ya declina
                 la afición de su pecho.

Arnesto          Ella es noble mujer, y yo sospecho
                 que es porfiar en vano.

Ernesto          Pues si él no la alcanzare, o por tirano
                 o por amor, yo quiero

perder la vida.

Julián (Aparte.)                    (De congoja muero.)

Ernesto                Entremos dentro, Arnesto,
                       y si sale, veremos.

(Vanse los criados.)

Julián                             Yo estoy puesto,
                       oyendo estas razones,
                       en piélago de varias confusiones.
                       Que ha de alcanzarla, dice,
                       o por fuerza o por amor. Soy infelice,
                       pero también soy noble,
                       y no es mi corazón de piedra o roble
                       para sufrir la injuria
                       que me pretende hacer. Reviente en furia
                       el animoso pecho
                       pues de amante leal volcán se ha hecho.
                       Y si él —ioh, cielo!— por tirano
                       o por amor ha de gozar su mano,
                       yo, por cortés airado,
                       le he de hacer desistir de tal cuidado.
                       Entrar a estorbar quiero
                       su plática celosa, y pues primero
                       mis desdichas me han hecho,...
                       mas ya salen los dos. Sosiegue el pecho.

(Salen Laurencia, Federico, Vulcano, Arnesto y Enrique.)

Laurencia              Cuando mi esposo faltó,
                       fue muy justa cortesía,
                       señor, que asistiese yo.

| | |
|---|---|
| Federico | Escuchad, por vida mía. |
| Laurencia | Mi esposo, pues, ya llegó;<br>  la merced recibirá<br>con que tanto le honráis ya. |
| Federico | Solo que escuchéis os pido. |
| Laurencia | En presencia del marido<br>demás la mujer está,<br>  porque ella ha de callar,<br>y él hablar por ella. Es dar<br>un rato de padecer<br>que no hay ninguna mujer<br>que no sea amiga de hablar.<br>  Hoy el señor Federico,<br>esposo, por más honraros,<br>como aquí os lo significo,<br>ha venido a visitarnos. |
| Julián | Y por superior publico<br>  tal merced. |
| Laurencia |        Lo que yo os pido,<br>esposo, es que agradezcáis<br>tal favor. |
| (A Laurencia.) | |
| Federico |     Estoy perdido<br>de amor porque ya os vais. |
| Laurencia | Aquí queda mi marido. |

Federico          Dios os guarde.

(A Federico.)

Laurencia                    La razón
                 me ha obligado a lo que veis.

(A Laurencia.)

Federico          Cumplid vuestra obligación,
                 pero esta noche veréis
                 la fuerza de mi afición.
(Vase Laurencia.)    Pues, Julián, ¿cómo os va
                 con el nuevo casamiento?
                 Menos gusto tendréis ya,
                 si es que no dura el contento
                 en casados.

Julián                   Bien está
                    en bárbara, humilde gente,
                 que por algún accidente
                 se casa, suele pasar,
                 no entre gente noble. El mar
                 con una misma corriente
                    se está siempre, y tan lleno
                 y de pesares ajeno
                 como aquel primero día
                 que la Sacra Monarquía
                 lo puso arenoso freno.
                    Y el Sol, aunque ha tiempo tanto
                 que desde el celoso manto
                 se va a la tierra a alumbrar,
                 no muestra ningún pesar

cuando el fugitivo espanto
   de las tinieblas se ausenta.
Y así, señor, el casado
que honor y opinión sustenta
nunca se siente enfadado
de aquel bien quien suyo aumenta,
   porque él ha de parecer
el mar que siempre ha de ser
uno mismo, y ella el Sol
que ha de librar su arrebol
en el pesar y el placer.

Federico          ¡Tanto Sol y tanto mar!
                  ¿Vos estáis enamorado?

Julián            Siempre Sol lo ha de llamar
                  si no es que haya algún nublado
                  que la pretenda eclipsar.
                     Mas esto aparte, quisiera
                  que aquesta gente se fuera,
                  que quiero, si es vuestro gusto,
                  deciros un poco.

Federico                            Es justo.
                  ¡Hola!

Ernesto            ¿Señor?

Federico                   Idos fuera.

Vulcano           ¿Y yo también?

Julián                         Tú también.

| | |
|---|---|
| Vulcano (Aparte.) | (De aquí pues, que no me ven,<br>he de escuchar a los dos.) |
| (Vanse los criados.) | |
| Federico | Ya se han ido. |
| Vulcano (Aparte.) | (Plegue a Dios<br>que todo esto pare en bien.) |
| Julián | Señor Federico, el mundo<br>está de malicias lleno,<br>y con ellas siempre juzga<br>lo malo por lo que es bueno<br>y justo. Yo soy un hombre<br>noble que decir no quiero,<br>como otros suelen hacer,<br>que soy príncipe encubierto<br>cuando estoy en tierra extraña.<br>Al fin, soy un caballero<br>cuya nobleza en Albania<br>calificada la tengo.<br>Di muerte por un disgusto<br>a un mancebo hidalgo y deudo<br>del gobernador. Ya veis<br>si es acertado remedio<br>poner tierra en medio cuando<br>es fuerza de algún suceso<br>contrario. Llegué a Ferrara<br>una noche en tan buen tiempo<br>que puedo decir que el duque,<br>mi señor y hermano vuestro,<br>tiene vida por mi espada;<br>pues a matarle salieron, |

yendo de noche rondando,
él solo, cuatro encubiertos
traidores, diciendo: «¡Muera
nuestro injusto y fiero dueño!».
Yo, que a la parte más flaca
la nobleza de mi pecho
me inclinó, saqué la espada
y a su heroico lado puesto
le defendí como pude
hasta que todos huyeron,
aunque dejaron reliquias
de sus pechos en el puesto.
Por aquesta honrada acción,
el duque, príncipe excelso,
su secretario me hizo
y de villas y de pueblos
de su estado señor propio,
y en fin el último premio
fue ofrecerme por esposa
a Laurencia, hija del muerto
Octavio, duque que fue
de Villamarín. No quiero
deciros más, pues que sois
testigo de estos sucesos.
He sabido desde hoy,
y de criados, no menos,
de vuestra casa, que amante
y galán en cualquier tiempo
que Laurencia estuvo libre
con pensamientos honestos
pretendíais su hermosura.
Perdonadme si me atrevo
a acción tan libre con vos,
mas mirando como cuerdo

que la honra en opiniones
viene a ser un cierto género
de afrenta, y que de esta afrenta
está, señor, el remedio
en vuestras manos, que siempre
dieron honra y no supieron
quitarla a los que se amparan
de tan magnánimo pecho,
os suplico humildemente,
así del sagrado imperio
de Alemania seáis señor
y vuestros heroicos hechos
en alabastro esculpido
el mundo los deje eternos,
que aunque yo carezca agora
de tal merced, deis remedio,
con no visitar mi casa,
a mi honor, que ya resuelto
y desenfrenado el vulgo,
malicia concibe, viendo
que mi casa visitáis
sin estar presente el dueño.
Bien sé, señor Federico,
lo mucho que en esto pierdo,
pues dabais a aquesta casa
honor y gloria con veros.
Mas ya vos sabéis también
que malas lenguas han hecho
más afrenta a hombres ilustres
que honrarle pueden sus hechos.
Perdonadme y advertid,
como noble y como cuerdo,
que con el honor soy algo
y soy nada si le pierdo.

Federico
No sé, por Dios —¡oh, villano!—
como la cólera templo.
¿Tú, con capa de humildad,
me dices atrevimientos?
¿tanta soberbia has cobrado
que a tu señor, a tu dueño,
pues lo soy si lo es mi hermano,
hablas tan tosco y soberbio?
¿Un advenedizo libre,
que apenas quién es sabemos,
me dice a mí que su casa
no visite, loco y necio?
¿Qué confianza te ampara?
¿A un segundo de un imperio
hablas así? Los señores
somos como el Sol del cielo.
En la casa más altiva
y edificio más soberbio
entra el Sol, y por entrar,
goza resplandor febeo
su mendiga oscuridad.
Los superiores sujetos
los imitan, pues la casa
del vasallo más soberbio,
del potentado más rico,
entramos; y entrando dentro,
goza la casa de luz
de honras y de riquezas, siendo
estimada por tener
nuestra potestad adentro.
Yo soy el Sol de Ferrara,
y como Sol, entrar puedo
donde quisiere.

| | |
|---|---|
| Julián | Yo soy |
| | un nublado opuesto |
| | a ese Sol, y cuando el Sol |
| | quiera con poder violento |
| | deshacerme con los rayos, |
| | abriré el preñado seno |
| | y arrojaré contra él |
| | rayos a su fuego opuestos. |
| | |
| Federico | ¿Qué dices? |
| | |
| Julián | Lo que has oído. |
| | |
| Federico | ¿Tú tienes atrevimiento |
| | para hablarme a mí, villano? |
| | |
| Julián | Yo soy tan buen caballero |
| | como vos; aunque es verdad |
| | que siendo aquí forastero |
| | no conocéis mi nobleza. |
| | Y yo por hermano os tengo |
| | del duque, y sé que lo sois, |
| | que no está el serlo, os advierto, |
| | el ser caballero un hombre. |
| | |
| Federico | Pues, ¿en qué está? |
| | |
| Julián | En saber serlo. |
| | |
| Federico | ¡Vive Dios! |
| | |
| Julián | Cuando presumas |
| | sacar el luciente acero, |

no ha de ser aquí.

Federico                          ¡Traidor!

Julián          Aquese nombre es ajeno
                de mi valor. Cuando el duque,
                mi señor, se enoje de esto,
                yo le diré que en agravios
                donde el honor corre riesgo
                no conozco superior.
                Ven, que en el campo te espero,
                como caballero noble.

Federico        Pudiera excusar, no siendo
                tú mi igual, el desafío,
                pero excusarme no quiero;
                y así, esta noche a las diez,
                porque igualmente pretendo
                darte muerte; que podrían
                mis vasallos y escuderos
                viéndonos reñir agora
                hacerte pedazos. Luego,
                te aguardo a la margen fría
                del bullicioso arroyuelo
                donde ayer tarde estuvimos.

Julián          La hora y el sitio acepto.

Federico (Aparte.)   (¡Vive Dios!, que he de venir,
                mientras me aguarda en el puesto,
                a gozar su bella esposa.)

Julián (Aparte.)   (Mataréle, ¡vive el cielo!,
                aunque su hermano se enoje

y me castigue soberbio.)

Federico       Tú te acordarás de mí
               esta noche.

Julián                Yo te creo,
               mas tú no te acordarás
               si yo salgo con mi intento.

(Vanse y sale Vulcano.)

Vulcano        ¡Desafiados quedaron!
               Aquí fuera bueno un ciervo
               que profetizara el fin
               de este infelice suceso.
               Mi ama sale acá fuera;
               callar lo que he visto quiero
               y seguir a mi señor.
               Dios ponga en paz estos pleitos,
               porque yo temo por Dios
               que Federico soberbio
               a él y a mí, si le acompaño,
               nos ha de dar pan de perro.

(Sale Laurencia.)

Laurencia         Con un disgusto pesado
               me ha dejado la visita
               de aqueste necio que incita
               mi amor tan bien empleado;
               y lo que más mi cuidado
               esfuerza en esta ocasión
               es decirme la razón
               que percibí: «Bien hacéis,

**66**

pero esta noche veréis
la fuerza de mi afición».
    ¡Válgame Dios!, si pretende
esta noche riguroso
matar a mi amado esposo,
porque su afición me ofende.
Aquesto avisado entiende
mi temor del corazón.
Clara es la definición
pues mi dijo: «Bien hacéis,
pero esta noche veréis
la fuerza de mi afición».
    Decirlo a mi esposo quiero
porque viva recatado,
pero, ¿qué sueño pesado
me sobreviene ligero?
A su impulso lisonjero
bien quisiera resistirme.
¿Qué haré? ¡Qué quiere rendirme!
Más alcance, pues advierte,
victoria, que de otra suerte
no es posible divertirme.

(Recuéstase.)

Julián                  Venturoso y desdichado
en esta ocasión he sido,
pues de un tapiz escondido,
de lo que tiene trazado
mi enemigo me ha informado.
Apenas de aquí salió
cuando en el palacio entró
del duque, y a dos traidores,
testigos de sus amores,

de aquesta suerte habló:
   «Amigos, mi gloria es cierta
si vuestro favor me ayuda;
hoy la fortuna se muda
y abre a mi ventura puerta
con Julián». Puse alerta
el sentido como oí
mi nombre y prosiguió así:
«Aquesta noche he aplazado
desafío porque ha andado
muy soberbio contra mí.

   A las diez dije que fuese
a cierto puesto a esperarme;
mas no ha de verme ni hablarme
aunque a mi valor le pese.
Antes, mientras estuviese,
aunque toca en tiranía,
él aguardando, podría
gozar su bella mujer;
pues no hay humano poder
que resista mi porfía.

   Vosotros iréis conmigo,
y mientras amor concierta
mi bien, guardaréis la puerta
del valor de mi enemigo.
¿Paréceos bien lo que digo?»
Dijeron todos que sí.
¡La turbación que sentí!
Pues no me he tornado loco,
o tengo mi honor en poco
o ya no soy lo que fui.

   Agora, honor, pedir quiero
que me aconsejéis. ¿Qué haré?
¿Saldré al puesto? ¿Para qué,

si vuestra desdicha espero?
Pues, ¿qué he de hacer? «Considero
que será mejor estar
en vuestra casa y guardar
la joya que tanto amáis.»
Honor, ¡bien me aconsejáis!
Quedarme quiero y callar.
  Que pues él no ha de salir,
no sentirá mi flaqueza.
Mas, ¿qué estrella, que en pureza
vence las que en el zafir
supo pintar y esculpir
el Mejor Autor, es ésta
que sobre la mano puesta
la cabeza delicada
está ajena y descuidada
del disgusto que me cuesta?
  Mi esposa es. ¡Piadosos cielos!
Pregunta es ésta celosa.
Decidme, ¿mi bella esposa
está culpada? En mis celos,
y entre densos paralelos,
parece que siento hablar
y decir: «¿Tú has de pensar
de una mujer tan honesta
tal liviandad como aquésta?».
¡Necio soy! Quiero callar.
  ¡Bella esposa!

(Entre sueños.)

Laurencia (Aparte.)            (Corazón,
              más tormento no me deis,
              «que aquesta noche veréis

la fuerza de mi afición».
¡Ay, Federico!)

Julián                                    Ilusión
me parece lo que veo.
Lleve, tirano, trofeo
de mi vida, el golpe fuerte
de la muerte, que en la muerte
haré más dichoso empleo.
    «Que aquesta noche verá
la fuerza de mi afición»,
dice. ¡Ay de mí!

Laurencia (Aparte.)                  (Corazón,
bueno está, ya bueno está.
Grande la afición será,
pero no será pagada.)

Julián                  ¡Ésta es la casa y honrada!
¡Vive Dios!, que está temiendo
que el traidor de quien me ofendo
no la estime. ¡Oh, suerte airada!

Laurencia (Aparte.)     («Que aquesta noche veréis
la fuerza de mi afición.»
¡Plegue a Dios que haya ocasión
en que mi esposo...)

Julián                                ¿Qué hacéis,
pecho noble, si ya veis
vuestro deshonor tan claro,
que no matáis? Mas reparo
en la mitad de mi furia,
que dos me han hecho la injuria,

y en medio del rigor paro.
　　Que bien me dijo el traidor,
en medio de mi pesar,
que me había de acordar
de esta noche porque Amor,
para darme más dolor,
tenía ya concertadas
las dos almas; mas burladas
quedarán en sus amores,
que para incastos traidores,
hay valor que vibra espadas.

(Sale Vulcano.)

Vulcano　　　　No puedo hallar a mi amo.

Julián　　　　¡Oh, Vulcano, a qué buen tiempo
viniste!

Vulcano　　　　En toda mi vida,
de haber hecho, no me acuerdo,
otro tanto.

Julián　　　　Ven acá.

Vulcano　　　　¿Qué tienes? Sosiega el pecho.

Julián　　　　Yo conozco tu lealtad
muchos años ha, y por eso
me atrevo a fiar de ti
casos de honor como éstos.

Vulcano　　　　Hasta que pierda la vida
te serviré. Pierde el miedo.

| | |
|---|---|
| Julián | Ensilla luego un caballo, |
| | porque ausentarme pretendo |
| | por cierta ocasión, y advierte |
| | que esta noche has de estar puesto |
| | en centinela. |
| | |
| Vulcano (Aparte.) | (Eso es malo, |
| | que soy hombre de buen sueño.) |
| | |
| Julián | Y cuando yo diere un silbo, |
| | tienes de abrirme al momento |
| | la puerta falsa. |
| | |
| Vulcano | A esas horas |
| | las principales no acierto. |
| | |
| Julián | Esto has de hacer, que me va |
| | la vida y honor en ello. |
| | |
| Vulcano | Yo lo haré. Pierde cuidado. |
| | |
| Julián | ¡Laurencia! |
| | |
| Laurencia | ¿Quién es? ¿Qué es esto? |
| | |
| Julián | Yo, querida esposa, |
| | que con grande prisa vengo |
| | a despedirme de ti. |
| | |
| Laurencia | ¿Despedirte? |
| | |
| Julián | No voy lejos. |
| | Manda el duque, mi señor, |

que parta luego al momento
y a la duquesa de Mantua,
de quien le dijo un correo
que pasaba hacia Milán
de sus estados, un pliego
lleve. Perdona, señora,
que no son suyos aquéllos
que sirven.

Laurencia             No quiero ser
porfiada en deteneros,
supuesto que es imposible.

Julián (Aparte.)    (¡Cómo se consuela presto!)
Adiós.

Laurencia             Los brazos me dad,
y vuélvaos con el cielo.

(A Vulcano.)

Julián              Ven a sacar el caballo,
y mira que te encomiendo
el secreto y el cuidado.

Vulcano             Tendré cuidado y secreto.

Julián (Aparte.)    (¡Vive Dios, que he de matarlos
porque mi honor viva eterno!)

Vulcano             En sacándole el caballo,
luego al punto voy derecho
a hartarme de dormir
para estar después despierto.

(Vanse.)

Laurencia  Si Federico aquesta noche intenta
mostrar la fuerza de su amor gallardo,
con razón dudo, temo y me acobardo
viendo que Julián de mí se ausenta.
Ajeno amor batalla me presenta,
pero con mi valor vencerla aguardo;
ya el cielo se reboza el manto pardo
y en vez de luz la oscuridad ostenta.
De mi casa la puerta cerrar quiero
y prevenirse de armas mi honor piensa;
mas estas armas no serán de acero
sino de no querer hacer ofensa
al santo honor, que con aquesto espero
tener al mismo cielo en mi defensa.

(Sale un criado.)

Arnesto  Dos ancianos peregrinos
preguntan por mi señor.

Laurencia  No sé qué impulsos de amor,
con mil afectos divinos,
siento en el alma. No está
mi esposo en casa, mas di
que entren.

Arnesto  Ya vienen aquí.

(Salen Ludovico y Rosamira de peregrinos.)

Ludovico  Desdicha nuestra será

el no hallarle.

Laurencia                    ¿Qué se ofrece,
nobles peregrinos, hoy
en mi casa?

Ludovico                ¡Loco estoy!
Ya, Rosamira, parece
   que al ver aquesta mujer
tan agradable y piadosa,
veo la joya preciosa
que fui infeliz en perder.
   Tuvimos nuevas, señora,
en Albania, nuestra tierra,
que un hijo, que se destierra
de nuestros ojos agora,
   que se llama Julián,
estaba en Ferrara y que ésta
es la casa.

Laurencia                La respuesta
   mis brazos os la darán.
   Padres venturosos,
del que adora el alma,
vengáis en buena hora
hoy a nuestra patria.
Julián mi esposo
de Ferrara falta
porque a la señora
duquesa de Mantua
fue a llevar del duque
embajada y cartas.
Pero ya que soy
la mitad de su alma

desde el día primero
que vino a Ferrara,
hoy sabré hospedar
con la misma gracia,
con el mismo gusto,
con las mismas ansias
y amor que lo hiciera
cuando aquí se hallara.

Rosamira      Venturoso ha sido
tras desdichas tantas
en haber hallado
mujer tan gallarda.

Ludovico      Por los ojos mismos,
vidrieras del alma,
se le ve el amor,
voluntad y gracia.

Laurencia      Entrad, padres míos,
servíos de esta casa,
pues sois dueños de ella,
adonde os aguarda
opulenta cena
que podrá envidiarla
en su casa el duque
que nos rige y manda.

Ludovico      Esposa de aquél
que por tierras varias
nos trae desterrados,
la infinita carga
de edad y de penas
que nunca nos faltan

cansados nos trae,
y así más gustara
descansar un poco.

Laurencia	Nuestra misma cama
por no deteneros,
padres, os aguarda,
que yo para mí
en la misma sala
otra haré después.

Ludovico	Rosamira, amada.

Rosamira	Entremos adentro
que aunque mi hijo falta
con ver a su esposa
se consuela el alma.

Ludovico	Vamos, hija mía.

Laurencia (Aparte.)	(Con aquesta guarda
mi honor va seguro
de entrar en batalla.)

(Vanse. Sale Vulcano.)

Vulcano	Aquesta noche parece,
más que estotras, que me ha dado
mayor sueño y más pesado,
pero siempre así acontece
cuando uno tiene qué hacer;
y fuera de eso bebí
tanto vino que perdí
el poder decir y hacer.

Ya serán las diez, y pienso
asistir aquí escondido
solo yo. No estoy dormido
a poder de vino inmenso.
　　Traspié. ¡Bellaca señal!
¿Quién me rempuja? Caí.
¡Sí, por Dios! Hálleme aquí
el rocío universal
　　de la aurora soberana.

(Silban.) ¡Silbitos! ¡Linda quimera!
Quien nos ronda, sea quien quiera,
aguarde hasta la mañana.

(Silban.) 　　¿Otro? ¡Lleve el diablo, amén!
Quien de aquí se revolviere,
y venga lo que viniere
que el sueño me sabe bien.
　　La cabeza se me anda.
Las estrellas voy mirando;
con ellas estoy danzando
la chacona y zarabanda.
　　La Luna lleva el compás
con su cara de pastel.
¿Qué quieres, sueño cruel?
Que tan pertinaz estás.

(Sale Julián con linterna.)

Julián 　　¡Vive Dios!, que Vulcano, descuidado,
a saltar por las tapias me ha obligado.
Y merece en su honor este desprecio
un hombre cuerdo que se fía de un necio.
Todos se han recogido, ¡santos cielos!
¿Si aquél que causa mis rabiosos celos
habrá entrado en mi casa? ¿Quién lo duda?

Pues trujo para hacerlo infame ayuda.
Valeroso puñal, tiempo es agora
que de la sangre bárbara y traidora
que me ofende vengues. Descalzo quiero
entrar en mi aposento, donde espero
saber si mi sospecha es cierta o vana.
Pero cierto será. Por ser tirana,
la luz quiero dejar aquí escondida,
y cuando haya de ser noble homicida
por ella volveré. Valedme, cielos;
que a esto me obligan mis honrado celos.

Vulcano        ¿Quién, diablos, anda hablando a tales horas?
iOh, quien tuviera aquí dos cantimploras
de agua fresca, que aunque es manjar de ranas,
le apetezco muy bien por las mañanas.
¿Quién, diablos, trujo luz? Si es algún criado
de estos a quien la sarna da cuidado
y dormir no les deja, y quiere darme
culebra. Mas, ipor Dios!, que no ha de hallarme.
La luz he de matar. Buen soplón hago.
Al sueño vuelvo a dar carta de pago.

(Sale Julián con la daga ensangrentada.)

Julián           Ya en sus pechos cautelosos,
fuentes de traidora sangre,
manché el puñal varias veces.
Sabe Dios que al ir a darles
me detuvieron el brazo
mil impulsos celestiales.
¿Celestiales, dije? Miento.
El amor era constante,
que a Laurencia tuve cuando

no entendí que era mudable.
Mas amor, cuando hay agravios
que al honor, bello diamante
entre los bienes del hombre,
le parten en varias partes
y de hermosísima piedra
mortal veneno le hacen.
No hay afición que se estime;
no hay amor que sea constante,
hermosura que se acuerde,
ni belleza que se ensalce.
Quiero volver a saltar
las tapias que al jardín salen
y subir en mi caballo,
que atado dejé en la calle,
e ir la vuelta de Milán.
¿Mas, quién está aquí?

Vulcano              ¡No pasen
por encima de las gentes!

Julián        Vulcano es. Levanta, infame.

Vulcano        ¿Quién es?

Julián              Tu señor.

Vulcano              ¡Por Dios!,
que me dormí como un padre.
Perdóname, señor mío.

Julián        ¿Tienes, Vulcano, la llave
de la puerta falsa?

| | |
|---|---|
| Vulcano | Sí. |
| Julián | Pues, dámela luego. |
| Vulcano | ¿Vaste? |
| Julián | No me preguntes ya nada. |
| Vulcano | Vesla aquí |
| Julián | Honor, ya vengastes<br>vuestra afrenta; agora falta |

(Hace que va. Sale Laurencia con luz y detiénele.)

| | |
|---|---|
| | que del peligro me escape.<br>Cielos, ¿qué ilusión es ésta? |
| Laurencia | Esposo mío. |
| Julián | ¿Qué haces<br>por acostar a estas horas?<br>¿Hay confusión semejante? |
| Laurencia | Estaba haciendo oración<br>e iba agora. |
| Julián | Escucha aparte.<br>Dime, ¿quién son dos que ocupan<br>mi noble lecho? |
| Laurencia | Has de darme<br>primero albricias. |

| | |
|---|---|
| Julián | Sí, haré. |
| Laurencia | Pues son, esposo, tus padres |
| | que en busca tuya han venido, |
| | pasando tierras y mares. |
| Julián | ¡Válgame Dios! ¡No lo creas! |
| Laurencia | Pues llega, esposo, a mirarles. |
| Julián | ¡No los descubras! |
| Laurencia | ¿Qué tienes? |
| Julián | ¡No los quiero ver! |
| Laurencia | ¿Qué traes? |

(Corren una cortina, y en una cama se ven los padres de Julián.)

|  | |
|---|---|
| | Aquesta cortina encubre |
| | sus presencias venerables. |
| | ¿Pero qué es esto que miro? |
| | Cubiertos están de sangre. |
| | ¿Quién de tan grande desdicha |
| | ha sido el autor cobarde? |
| Julián | Yo, Laurencia, yo fui aquél |
| | que este puñal arrogante |
| | manché en su pecho inocente, |
| | pensando —¡terrible trance!— |
| | que eran Federico y tú. |
| Laurencia | Pues, tirano, ¿qué señales |

de liviandad viste en mí
para traición semejantes,
parricida desleal?
El mismo Sol cuando sale
bordando con rayos de oro
el pabellón de diamantes
no es tan puro, no es tan casto,
como yo; que imito a Dafne,
a Semíramis, y a Porcia
en la honestidad constante.
Y huélgome, ingrato esposo,
que tan a tu costa halles
el desengaño presente.

Julián          Ay, Laurencia, no me hables
con palabras rigurosas
cuando de esta fresca sangre
cada gota es una flecha
que pasa de parte a parte
mi corazón afligido.
Abrase la tierra y trague
en su seno el más mal hombre
que en el mundo puede hallarse.
Caigan del globo celeste
rayos fuertes y arrogantes
que desvanezcan en humo
y a la fresca región bajen
un ingrato parricida,
un viborezno que sale
por su madre a tener vida
y mata a la misma madre.
¡Oh, constelación divina!
¡Oh, efectos irremediales
de rigurosas estrellas!

Bien puedo este nombre darles,
pues yo, avisado del cielo,
dejé mi patria y mis padres,
y bajando altivas sierras
y surcando varios mares
a extraña tierra pasé
solo por asegurarles
de esta presente desdicha;
y hoy vienen a visitarme
donde mi puñal sangriento
hizo efecto semejante.

   Congojas siente el alma tan mortales
que quiere su pesar dejar la cárcel.
¡Oh efectos de mi estrella
que habéis podido más que mi inocencia!
Mas yo la culpa tuve
pues muerte no me di cuando lo supe.
   ¡Ay, padres del alma mía!
Mas, ¿para qué os llamo padres?
Pues es de este nombre indigno
quien tales obras os hace.
Mi inocencia perdonad.
Mas, ¿qué perdón es bastante
a tan enorme delito
y sinrazón tan notable?
¡Con qué furia daba yo
en vuestros pechos leales
puñaladas rigurosas!
¿No hablárais entonces, padres?
¿No dijérais «hijo mío,
Ludovico soy»? —¿Qué haces?—
«¿Y Rosamira también
que venimos a buscarte
por no hallarnos sin tu vista?»

Vieras entonces trocarse
el rigor en tierno amor,
mis enojos en suaves
palabras, las puñaladas
en abrazos paternales.
¡Ay, de mí, que pierdo el juicio!
Por cierto, buen hospedaje
al fin de vuestro camino
en casa de un hijo hallasteis;
puñaladas por regalos,
enojos por amistades,
riguridad por ternezas,
y muerte al fin por lealtades.
    Congojas siente el alma tan mortales
que quiere su pesar dejar la cárcel.
¡Oh efectos de mi estrella
que habéis podido más que mi inocencia!
Mas yo la culpa tuve
pues muerte no me di cuando lo supe.
    Cubre, que no quiero verlos,
esos cuerpos miserables;
y este puñal riguroso
que hizo crueldad semejante
le deposite en mi pecho.

| Laurencia | Detente, esposo. ¿Qué haces? |

| Julián | ¿Qué importa que un parricida |
se desespere y se mate
a semejante delito?
No ha de haber perdón que baste.

| Laurencia | ¿Tú eres cristiano? |

| | |
|---|---|
| Julián | Bien dices. |
| | Dios es piadoso. Bien haces |
| | en reprender mis errores. |
| | A Roma parto al instante |
| | a que el vicario de Cristo |
| | perdone yerro tan grave. |
| | Tú en Ferrara quedarás. |
| | |
| Laurencia | ¿Yo tenía de quedarme |
| | en Ferrara de esta suerte |
| | para que tú conformases, |
| | receloso de mi honor, |
| | tus mentiras por verdades? |
| | Contigo he de ir donde fueres; |
| | que mujer que quiere y sabe |
| | ha de seguir al marido |
| | en los bienes y en los males. |
| | |
| Vulcano | Yo, también, he de seguirte. |
| | |
| Julián | En el puerto hay muchas naves; |
| | una de ellas para Roma |
| | nos dará breve pasaje. |
| | Ven, esposa; procuremos |
| | darles sepulcro bastante |
| | a estos cuerpos inocentes. |
| | Señor mío, perdonadme. |

(Salen Federico y otro.)

| | |
|---|---|
| Federico | ¡Detente! [¡Esperad! ¡Detente!] |
| | |
| Julián | ¡A qué buen tiempo llegaste |
| | para que vengue mi enojo |

en tu vida miserable!

Federico        Federico soy.

Julián                          ¿Qué quieres?

Federico        Quiero, villano, matarte
                para quitarte una joya
                que más que las Indias vale.

Julián          En otro tiempo sintiera
                que me dijeras pesares;
                pero agora que este pecho
                de fuego arroja volcanes,
                agradezco, Federico,
                que de esa suerte me hables.

(Quita Laurencia a uno de los criados la espada.)

Laurencia       Al uno quité la espada.
                ¡Ea, esposo, mueran! ¡Dales!

(Riñen.)

Julián          ¡Así llevaréis la joya
                que habéis venido a robarme!

Vulcano         Yo, como no tengo espada,
                estoy libre de estos trances.

(Mételos a cuchilladas y dicen dentro.)

Federico        ¡Muerto soy!

| | |
|---|---|
| Vulcano | Ya Federico<br>con su vida ha dado al traste. |
| Julián | Quien a su padre mató,<br>no es mucho que a ti te mate. |
| Vulcano | Cumplióse la profecía<br>del ciervo que habló en el valle. |
| Julián | Ven, Laurencia, con Vulcano. |
| Laurencia | Ya te sigo. |
| Vulcano | Si me hablare<br>algún ciervo alguna vez<br>y desdichas me anunciare,<br>¡juro a Cristo que al momento<br>tengo de meterme fraile! |

Fin de la segunda jornada

## Jornada tercera

Julián                    Aquese candil, Laurencia,
cuelga en aqueste portal,
y saca aquí un cabezal
para este pobre.

(Vase.)

Demonio (Aparte.)         (¡Impaciencia!
Mas sobra cuando reparo
que es causa mi tiranía
de que éste en obra tan pía
descubra fervor tan raro;
mas yo le haré desistir,
si puedo, de aqueste oficio.)

(Sale Laurencia con un cabezal.)

Laurencia        Ya está aquí.

Julián               Das claro indicio
de lo que deseas servir
a Dios, Laurencia querida.
Amigo, ánimo mostrad,
por mi vida, y descansad
pues que la noche os convida.

Demonio         ¿Qué descanso ha de tener
el que siempre está penando?

Julián           Los pobres vienen llegando.

(Sale Vulcano con una jeringa.)

| | |
|---|---|
| Vulcano | Aguárdate, Lucifer. |
| Julián | Hermano ¿adónde camina? |
| Vulcano | Diz que aguarde hasta mañana |
| | hasta que le venga gana |
| | de echarle la melecina, |
| | gentil flema en mi conciencia, |
| | y decirme en voz sonora; |
| | no murmure por agora, |
| | vuesa merced, de mi ausencia. |
| Julián | ¿Quién es ése? |
| Vulcano | ¿No interpreta |
| | en el modo de hablar |
| | quién me ha podido enojar? |
| | Aquese diablo o poeta, |
| | o lo que es, que está escribiendo |
| | sobre la cama sentado. |
| Julián | ¿Aqueso le da cuidado? |
| Vulcano | Yo me enfado y me ofendo |
| | si le viere estar mirando |
| | al cielo y luego bajarse, |
| | concomerse y menearse |
| | varios visajes formando |
| | perdiera el seso; pues luego |
| | cuando mi solicitud |
| | iba a darle la salud |
| | me dijo en lenguaje griego: |
| | «Vuélvasela a la cocina |

**90**

y échala a pobres diversos.
Digo que olerán mis versos
si me echa la melecina.»

Julián

    Pues vuélvala, hermano, allá
si ya su intención ha visto.

Vulcano

Aquesto no, ¡vive Cristo!,
que pues se ha hecho el gasto ya
    aqueste pobre que trujo
la tiene de recibir.

Julián

Eso tiene de decir.

Vulcano

Pobre que parecéis brujo,
    apercíbete.

Demonio

      ¿Qué quiere,
hermano?

Julián

      ¿Hay tan gran porfía?

Vulcano

Que toque esta chirimía
de la suerte que quisiere,
    él tiene bellaco olor
como yo lo ha mostrado ya,
y aquésta le limpiará
de todo superfluo humor.

Julián

    ¿No ves que se moriría?

Vulcano

Si ésta no es buena, otra habrá
que la vida le dará
de chinas y de agua fría.

                    Voy por ella.

Laurencia                    Aguarda, hermano.

(Salen un Cojo y un Ciego.)

Ciego                    Alabado sea el Señor.

Cojo                    Para siempre le dé honor,
                    amigo, el linaje humano.

Vulcano                    ¿Cuántas bolsas se han rapado
                    esta tarde, hermano ciego?

Ciego                    Si a tener vista no llego,
                    ¿cómo tendré ese cuidado?

Vulcano                    Él es ciego como yo,
                    y el hermano cojo, a fe,
                    que es devoto de Noé.
                    ¿Con cuántas buenas cayó
                        la romana?

Cojo                        Con muy pocas.

Vulcano                    El doctor me ha consolado;
                    lindamente habréis brindado.

Julián                    Aquesas palabras locas
                        refrene.

Demonio                        Si no se muda,
                    grande es mi mal.

| | |
|---|---|
| Julián | ¿Qué le dio? |
| Demonio | No nada. |
| Vulcano | ¿No digo yo<br>que ha menester el ayuda?<br>Cojo y ciego entre los dos<br>le tened. |
| Demonio | ¡Oh, dura suerte! |
| Vulcano | Si no le tenéis muy fuerte,<br>os la he de echar a los dos. |
| Julián | ¿Quiere que me enoje yo? |
| Vulcano | Si le va en ello la vida. |
| Ciego | La Virgen esclarecida<br>de quien la Vida nació<br>sea bendita. |
| Todos | Amén. |
| Demonio (Aparte.) | (Infierno,<br>tu príncipe está rabiando.) |
| Vulcano | Por Dios, que me está tentando<br>de hacer un garrote tierno<br>y darle cuarenta palos. |
| Cojo | Oh, Perucho, bien venido,<br>buen día os habréis tenido. |

| | |
|---|---|
| Ciego | Todos, amigo, son malos<br>para el pobre. |
| Vulcano | ¿Qué, no ha habido<br>gran cosecha de mendrugo? |
| Cojo | No ha faltado. |
| Ciego | Que me arrugo<br>que estoy ya casi dormido. |
| Cojo | Y yo también a tu lado,<br>¡par diez!, que me he de engullir,<br>Perucho, antes de dormir,<br>un mendrugo que ha quedado. |
| Julián | Siéntate, Laurencia mía,<br>y con aquestos extremos<br>pobres de Dios platiquemos. |
| Laurencia | Eso mismo pretendía. |

(Sale una Mujer con un niño.)

| | |
|---|---|
| Mujer | Acá estamos todos. |
| Julián | Hola,<br>volved a entrar luego vos<br>y decid. Loado sea Dios. |
| Vulcano | No ha sido aquesta vez sola. |
| Mujer | Que he andado necia confieso.<br>Loado sea Dios. |

| | |
|---|---|
| Julián | Eso sí. |
| | Adentro estaréis, no aquí. |
| Vulcano | ¿Dónde se hubo el contrapeso? |
| | Mas, ¿qué acierto quién fue el padre? |
| | |
| Julián | Vulcano, no seas pesado. |
| | |
| Mujer | ¿Quién? |
| | |
| Vulcano | Sacristán o donado, |
| | si no es que no sois su madre. |
| | |
| Mujer | Mal profetizas. |

(Sale un Estudiante.)

| | |
|---|---|
| Estudiante | Loado |
| | sea el Señor. |
| | |
| Julián | Y lo ha de ser. |
| | |
| Vulcano | ¡Escolar! Mas, ¿qué ha de haber |
| | aquesta noche nublado? |

(Sale un Soldado.)

| | |
|---|---|
| Soldado | Bendito Él de lo alto sea |
| | por largos años. |
| | |
| Vulcano | Ya escampa; |
| | el soldado es de la hampa. |
| | |
| Soldado | ¿No hay más luz? |

| | |
|---|---|
| Vulcano | Vaya a Guinea |
| | si quieres más luz, hermano. |
| Soldado | Pues ¡vive Dios!, ignorante, |
| | que si saco la tajante, |
| | que de un revés inhumano |
| | os envíe yo a cenar |
| | con Bercebú. |

(Andan a palos.)

| | |
|---|---|
| Julián | ¿Qué es aquesto? |
| Vulcano | ¡Aquí de los pobres presto! |
| Ciego | A palos lo he de matar. |
| Julián | ¡Amigos, hola! ¿Qué habéis? |
| Cojo | Todos por ti lo han dejado. |
| Soldado | ¡Vive Dios!, que me han quebrado |
| | cinco costillas o seis. |
| Julián | Ea, volvéos a sentar |
| | todos aquí. Pensad vos. |
| | Se viene a tratar de Dios, |
| | no a reñir ni a pelear. |
| Soldado | Mañana será de día, |
| | y con luz sabré vengarme. |
| Vulcano | ¡Par Diez!, que no he de apartarme |
| | de toda la pobrería. |

(Canta la Mujer.)

| | |
|---|---|
| Mujer | «Ya se sale Julian |
| | un martes por la mañana |
| | afligido, triste y solo |
| | de aquesa tierra de Albania. |
| | Sus padres deja, a su tierra |
| | y camina hacia Ferrara; |
| | la causa porque se ausenta |
| | os diré sin faltar nada.» |
| | |
| Julián | ¿Quién canta mi historia triste? |
| | |
| Vulcano | Aunque tu historia se canta |
| | nadie sabe que eres tú. |
| | Es una mujer que canta |
| | por espantar sus pesares |
| | sentada sobre la cama, |
| | porque quien canta es adagio |
| | que sus tristezas espanta. |
| | |
| Cojo | ¿Quién es este Julián? |
| | |
| Vulcano | Duérmanse ya, noramala, |
| | o callen. |
| | |
| Demonio | Rezando está, |
| | ¡rabio, infierno! |
| | |
| Vulcano | ¿Y él no calla? |
| | Mas, que le tengo de echar |
| | la melecina si habla. |

(Canta la Mujer.)

| | |
|---|---|
| Mujer | «Por no matar a sus padres<br>hace aquesta ausencia larga,<br>porque un ciervo cierto día<br>le dijo, estando en la caza<br>atravesado un puñal:<br>"Que me mate no me espanta<br>un hombre que ha de dar muerte<br>a los padres que más ama."» |
| Cojo | Bien canta, por vida mía. |
| Vulcano | ¿Quién os mete a vos si canta<br>bien o mal? |
| Julián | ¡Que ya mi historia<br>anda en lenguas de la fama!<br>[¡Ay], Señor, tened piedad<br>de mí! |
| Demonio | Fervoroso llama<br>a Dios. |
| Laurencia | Hermano, ¿qué tiene? |
| Demonio | Cierto desmayo lo causa. |
| Laurencia | Alguna cosa que coma<br>haz, Julián, que le traigan. |
| Julián | Acudo a lo más ligero,<br>Vulcano. Unos huevos traiga<br>para que conforte el pecho. |

| | |
|---|---|
| Vulcano | Mejores fueran diez balas<br>de arcabuz que le hicieran<br>diez bocas en las entrañas. |

(Canta la Mujer.)

| | |
|---|---|
| Mujer | «Y la noche que llegó<br>matar al duque intentaban;<br>él llegó a favorecerlo,<br>y ellos vuelven las espaldas.<br>Honróle el duque por ello<br>por esposa regalada,<br>dando la mujer más bella<br>que en el mundo tiene fama.» |

(Sale Vulcano con los huevos.)

| | |
|---|---|
| Vulcano | Tome y reviente con ellos. |
| Demonio | Mi hambre, amigo, aunque es tanta,<br>ningún manjar apetece. |
| Julián | ¿No los quiere? |
| Demonio | No. |
| Vulcano | Pues vaya,<br>agora le quiero más. |
| (Sórbeselos.) | Pero mire con qué cala<br>me los sorbo yo. |
| Julián | ¡Ay, Laurencia!<br>¿Y quién entonces pensara<br>tal desdicha? |

| | |
|---|---|
| Laurencia | Amado esposo,<br>pon en Dios tus esperanzas. |
| Vulcano | ¿Qué le parece? |
| Demonio | Muy bien. |
| Julián | ¿Comiólos? |
| Vulcano | Como tarasca<br>los engulló. |
| Julián | Di si quieres<br>más. |
| Vulcano | ¿Quiere más? |
| Demonio | Esto basta. |
| Vulcano | Mejor fuera decir sí<br>para que viese la gracia<br>que tengo en sorberme huevos. |
| Soldado | ¿No callarán? |
| Cojo | Todos callan. |

(Canta la Mujer.)

| | |
|---|---|
| Mujer | «Tenía un hermano el duque<br>que antes que fuera casada<br>Laurencia, la pretendía<br>con una afición extraña. |

**100**

Recelóse Julián
de sus amorosas ansias,
habiendo a su esposa oido
unas dudosas palabras.»

Julián            Aquésas fueron mi muerte.
Cuando tú dormida estabas,
pensando yo que en mi afrenta
las decías, toda el alma
me movieron para dar
triste fin a mi desgracia.

Laurencia         Afrenta fue que me hiciste.
Nunca es cuerdo quien bien ama.

Soldado           Aquesta jacarandina
ha tenido veinte pausas.
¿No callarán con los diablos?

Cojo              No se aflija.

Diego                      Todos callan.

(Canta la Mujer.)

Mujer             «Fingió que el duque, su dueño,
a la duquesa de Mantua
le enviaba con un pliego,
y no salió de Ferrara.
Vinieron aquella noche
a verle a su misma casa
sus padres de peregrinos,
que ella les puso en su cama;
y apenas eran las once

cuando saltando las tapias
de su casa, Julián
entró sin luz en la cuadra.
Llegó a su cama, y tentó
dos bultos que en ella estaban;
y pensando ser su esposa
y el galán que le agraviaba,
dio en sus inocentes pechos
infinitas puñaladas,
prodigio que sucedió
en la ciudad de Ferrara.»

Estudiante          Suceso notable fue.

Soldado             Ya estará de aquél el alma
                    en los infiernos ardiendo.

Mujer               ¿Por qué?, si fue por desgracia.

Cojo                Porque sí.

Vulcano                  ¡Linda disputa!

Cojo                Mirara él, noramala,
                    primero lo que hacía.
                    Si fuera mi camarada,
                    que es ciego y ver no podía
                    adónde los palos daba,
                    aun podía tener disculpa.

Ciego                   El tiene bellaca causa
                    en el tribunal de Dios.

Demonio             Todos aquéstos amparan

|  |  |
|---|---|
|  | mi parte. |
| Julián | ¡Ay, Laurencia mía!<br>Todas aquestas palabras<br>son balas de pieza gruesa<br>que las entrañas me pasan. |
| Laurencia | No os aflijáis, dulce esposo. |
| Vulcano | Necios dignos que una albarda<br>tome posesión en todos,<br>¿Dios no es piadoso? |
| Demonio | No es causa<br>ésta para que intervenga<br>su misericordia sacra. |
| Vulcano | También [él] sale, hediondo,<br>a meter su cucharada;<br>pues, venid acá almofrej.<br>¿O es Dios o no es Dios? |
| Ciego | Repara<br>en lo que dices. |
| Vulcano | Si es Dios,<br>todo lo puede y allana<br>su poder. Y suponiendo<br>que Dios, causa de las causas,<br>lo puede todo, y estando<br>cierto que su Soberana<br>Majestad se inclina más<br>a la piedad que a la sacra<br>justicia, porque ninguno, |

aunque ofendido le haya
con más pecados que el mar
en su centro arenas guarda,
ha de percibir cobarde
secreta desconfianza.
Un monarca de este mundo,
que es una hormiga, es un nada,
comparado a la Deidad
del Soberano Monarca,
cuando un vasallo le ofende,
cuando un súbdito le agravia,
¿no sabe templar su enojo
y le perdona y ampara
imitando a Dios? Pues si hace
un hombre acción tan hidalga,
un Dios, dependencia sola
de todas causas humanas,
con hazaña más altiva,
con más superior ventaja
ha de exceder esta acción.
Adonde más se señala
el ser de Dios es en dar
a los delitos, que espantan
por enormes y porfiados,
perdón; que en las cosas bajas
y humildes no muestra Dios
su clemencia sacrosanta
tanto como en las injurias
más superiores y extrañas.
Ven como son unos necios.

|  |  |
|---|---|
| Julián | Ay, Laurencia, estas palabras |
|  | con ser de sujeto humilde |
|  | me vuelven al cuerpo el alma. |

| | |
|---|---|
| Demonio (Aparte.) | (Consuelo apercibe luego, |
| | palabras que a mi me matan. |
| | Mas yo le he de hablar a solas. |
| | Haré que aquéstos se vayan |
| | de este patio, revolviendo |
| | la noche serena y clara |
| | con agua, piedra y granizo.) |

(Dentro ruido de truenos.)

| | |
|---|---|
| Vulcano | Escolar, ¡par Dios que anda |
| | rebosándose ya el cielo |
| | de nubes negras y pardas! |
| | Y si llueve, ¡vive Cristo!, |
| | que os he de moler. |

| | |
|---|---|
| Soldado | Preñadas |
| | nubes de su seno arrojan |
| | piedras envueltas en agua. |

(Ruido dentro.)

| | |
|---|---|
| Cojo | El cielo se viene abajo. |

| | |
|---|---|
| Ciego | ¡Ea!, a recoger las mantas |
| | y caminar hacia dentro. |

| | |
|---|---|
| Julián | ¡Ea!, Laurencia, ¿qué aguardas? |
| | Entra a dormir, que yo quiero |
| | hablar solas dos palabras |
| | a este pobre. |

| | |
|---|---|
| Laurencia | Yo obedezco. |

| | |
|---|---|
| Vulcano | ¡Oh, escolar!, para estas barbas<br>que os tengo de visitar<br>los huesos con una tranca. |

(Vanse todos y quedan Julián y el Demonio.)

| | |
|---|---|
| Julián | Ya cesó la tempestad;<br>no os levantéis de la cama. |
| Demonio | Algo aliviado me siento:<br>no importa nada el dejarla. |
| Julián | Venid acá, hermano mío.<br>¿Cómo sabéis vos que el alma<br>de aquel Julián que hizo<br>tan gran delito en Ferrara<br>no puede salvarse, si es<br>Dios piadoso? |
| Demonio | En muchas aulas<br>adonde muchos doctores<br>asisten de ciencias varias<br>se ha consultado este caso,<br>y todos juntos declaran<br>que es imposible salvarse. |
| Julián | ¿Propusieron la ignorancia<br>que tuvo de aquel delito? |
| Demonio | No hay abono que le valga,<br>que la ignorancia en el hombre<br>no quita el pecado. |

**106**

| | |
|---|---|
| Julián | Salgan |
| | de mis ojos si es verdad |
| | copiosos arroyos de agua. |
| | |
| Demonio | E hizo el pecado más grave |
| | en no matarlos en gracia. |
| | |
| Julián | ¿Qué dices? |
| | |
| Demonio | Que en el infierno |
| | un santo varón, que a Italia |
| | enriquece, los ha visto |
| | penar en ardientes llamas. |
| | |
| Julián | ¡Ay de mí! ¡Divinos cielos! |
| | ¡Tiembla el juicio! ¡Teme el alma! |
| | Mis padres penando están. |
| | Pues tú, Julián, ¿qué aguardas? |
| | Que aguardo la pena misma, |
| | que aguardo las mismas llamas; |
| | pues con ser Dios tan piadoso |
| | no hay piedad que a mí me valga. |
| | |
| Demonio | Con vuestra licencia, quiero |
| | recogerme. |
| | |
| Julián | El cielo os haga |
| | más dichoso que yo soy. |
| | |
| Demonio (Aparte.) | (No espero dichas; venganzas |
| | apetezco solamente, |
| | pues en vengarme de un alma, |
| | me vengo de Dios agora. |
| | Para que aquestas palabras |

tengan más confirmación,
ha de ver entre mil llamas
la figura de su padre
que soberbio le amenaza.)

(Vase.)

Julián            ¿Adónde se esconderá,
Dios eterno, mi malicia
si ya por vuestra justicia
condenada el alma está?
    Trágueme en su centro oscuro
la tierra o el mar más fuerte,
pero de ninguna suerte
de vos estaré seguro.
    Gran Señor, si muerte di
a mis padres en pecado,
no los maté con cuidado.
Bien sabéis vos que huí
    varias tierras por no hacer
cierta la desdicha mía
desde el infelice día
que lo comencé a temer.
    Pues si huí como sabéis,
¿por qué no me perdonáis?
¿Por qué de piedad no usáis
pues este oficio tenéis?
    Si estaba ya decretado
que esto había de ser por vos,
y vos sois Dios, ¿cómo a Dios
puede un hombre desdichado
    resistir? ¡Señor! ¡Señor!
(Ruido dentro.)   Perdonadme. Mas, ¿qué es esto?
Que el rumor triste y funesto

pone en mi pecho temor.
  ¡Ay de mí!, la tierra fría
se abrió, y salir de ella veo
un bulto mortal y feo
que hacia mí sus pasos guía.
   Aunque la infernal presencia
desconocerla me cuadre,
pienso que es mi padre.

(Sale el que hizo a Ludovico lleno de llamas y cadenas y adviértese que es el Demonio.)

Ludovico                              ¿Padre
osa llamar tu prudencia
   a quien te hizo tanto bien
y tú tan mal me pagaste?
Pues al cuerpo me mataste
y al alma, ingrato, también.
   Seis puñaladas me diste
con el sangriento puñal
de cuyo golpe mortal
bajar al centro me hiciste.
   En tu cama con sosiego
aquella noche me vi,
y al amanecer por ti
estaba en cama de fuego.
   Dios el alma me infundió,
y tú, ingrato, con matarme
fuiste bastante a quitarme
la vida que Dios me dio.
   Maldito el infeliz día,
ingrato, que te engendré,
pues ese día formé
tu desdicha con la mía.

Mas si puedo algún consuelo
en el infierno tener
es que te tienes de ver
en el mismo desconsuelo.
　　Silla prevenida está,
aunque tú ufano lo ignoras,
cercada de abrasadoras
llamas que el infierno da.
　　No pienses que por servir
a los pobres con amor
has de aplacar el rigor
del que aquí me hizo venir.
　　Quédate en tu manifiesto
engaño, hijo enemigo,
pero advierte que te digo
que has de acompañarme presto.

(Vase.)

Julián　　　　　　¿Qué más claro testimonio
de mi desdicha prevengo
si ya por tan cierto tengo
ser esclavo del demonio?
　　Daréme muerte inhumana;
mas de esto, ¿qué bien espero?
Si Dios es hoy justiciero
piadoso será mañana.
　　Mas si ya estoy condenado
y silla está prevenida,
acábese ya la vida
y con ella mi cuidado.
　　Pero, ¿a Dios no llaman fuente
de misericordia? Sí.
¿Qué importa si para mí

cesa su dulce corriente?
   Pues, ¿en Dios puede cesar
la misericordia? No.
Porque a faltar, bien sé yo
que se había de condenar
   la mayor parte del mundo.
Pues si en Dios piedad se halla,
fuerza es el manifestalla.
Pero si ya en el profundo
   estoy, ¿quién me ha de valer?
Mas, hasta que desasida
esté el alma de la vida,
¡porfiar hasta vencer!
   Es justo. Divino Dios,
o volvedme a lo que fui
antes de nacer o aquí
alcance el perdón de vos.

(Salen Laurencia y el Niño Jesús, de pobre.)

Laurencia       Si a Julián vais buscando,
aquí Julián está.

Niño       Desconsolado estará,
mas yo lo iré consolando.

Julián       ¿Laurencia?

Laurencia       Este Niño hermoso
os busca.

Julián       ¡Rostro divino!

Niño       Vengo agora de camino

en extremo caluroso,
   y quisiera descansar
en vuestro hospital.

Julián                    Quisiera
que un rico palacio fuera
para mejor hospedar
   vuestra persona; que es cierto
que un ángel representáis.
¿Qué tenéis? ¿En qué pensáis?

Niño        Un mal que traigo encubierto
   me tiene así.

Julián                Ojos serenos,
decidle, que en mis porfías
olvido desdichas mías
por curar males ajenos.
   ¿Qué dolor tenéis?

Niño                        De amor.

Julián      ¿Y amor os hace penar?

Niño        Amor pobre me hace andar
entre el frío y el calor.

Julián         ¿Tenéis padre?

Niño                     Y madre tengo.

Julián      ¿Dónde sois? Quiero saber.

Niño        De la ciudad del placer.

| | |
|---|---|
| Julián | Esa es la que no prevengo<br>   yo para mí. |
| Niño |                   ¿Por qué no? |
| Julián | Porque Dios, justo y piadoso,<br>por un caso riguroso<br>al intierno me arrojó. |
| Niño |             ¿Al infierno? Vivo estáis. |
| Julián | ¿Qué importa si definido<br>está el fin? |
| Niño |                   ¿Por quién lo ha sido? |
| Julián | Por Dios. |
| Niño |            Vos os engañáis. |
| Julián |    Y mis padres desdichados<br>por su mandamiento eterno<br>padecen en el infierno. |
| Niño | Esos miedos son formados<br>   de la ilusión. ¿Qué diréis<br>de vuestro engaño notorio<br>si agora en el purgatorio<br>a vuestros dos padres veis? |
| Julián |    Si al uno he visto cercado<br>de fuego, será imposible. |

| Niño | A mi poder infalible |
|------|----------------------|
| | nunca imposible se ha hallado. |
| |   Alzad los ojos. Veréis |
| | vuestros padres, Julián, |
| | adonde purgando están |
| | sus culpas. |

(Descúbrense arriba en dos cubos pintados de llamas, puestos de rodillas a Ludovico y a Rosamira.)

| Julián |       Poder tenéis |
|--------|------------------------------------------------|
| |   para tanto, Niño hermoso. |
| | No conoceros fue error. |
| | Vos sois mi divino autor; |
| | vos sois mi Dios poderoso. |

| (Cantan arriba.) | «¿Cuándo será aquel día, |
|------------------|---------------------------|
| | Señor de tierra y cielo, |
| | que de este fuego libres |
| | vuestra vista gocemos?» |

| Niño | Presto veréis mi gloria, |
|------|--------------------------|
| | que hoy piadoso pretendo, |
| | en pago de la muerte |
| | que un hijo os dio, poneros |
| | por la gran penitencia |
| | que en este mundo ha hecho, |
| | en las celestes sillas |
| | que prevenidas tengo. |
| | Julián, no desmayes; |
| | ten valeroso pecho. |
| | Dios soy, y precio más |
| | tener el nombre excelso |
| | de amante y de piadoso |

que no de justiciero.
El traje dejo humilde
y en el de Dios me quedo
y delante de ti
subo a mi sacro asiento,
llevando de camino
a tus padres contentos;
pues hoy por ti les cumplo
su penoso deseo.

(Deja la capilla pobre y queda con tunicela y va subiendo hasta ponerse entre los cubos y sale el Demonio y los pobres tras él y Vulcano.)

Vulcano      ¿Dónde, diablos, va este pobre
tan aprisa?

Demonio      Ya no es justo
que sufran mis impaciencias
más penas de las que sufro.
(Arroja la capa.) Dios eterno, ¿qué es aquesto?
No te espantes si divulgo
por inciertas tus sentencias,
aunque te precias de justo.
Tú bajas del sacro solio,
bordado de rayos puros
del Sol, y en un hospital
que edificó un hombre injusto,
un parricida tirano,
te hospedas y das seguro
de su salvación. Tu amor
mucho vale y puede mucho,
pero ese divino amor
no en sujetos como el suyo
has de emplearle. Tú sabes

si te ha ofendido en el mundo.
Mejor quedo pues me toca
también por maldad que impuso
este ingrato, pues mató
con el acero robusto
a sus padres inocentes
y a Federico, segundo
hermano del de Ferrara,
por testimonio que impuso
a su inocencia. Pues, ¿cómo
de los celestes coluros
bajas para regalarle
y darle en sus penas gusto?
¿No fuera mejor mostrar
de tu justicia el agudo
acero desenvainado
y arrojarle a los profundos
donde su maldad pagase
entre el vaporoso humo
de resina y alquitrán?
¿Qué es esto, Señor? Ya es mucho
amor el que al hombre muestras,
y ya es, Señor, sin segundo
el rigor con que me tratas
en mis penas y disgustos.

Niño          Fiero dragón, enemigo
del hombre, cuyo amor pudo
desterrarme de los cielos
a los trabajos del mundo,
si Julián me ofendió,
por eso alcanzó discurso
para hacer penitencia
pues en ella excedió a muchos.

Ya le perdono, y por él
el tiempo a sus padres cumplo
que habian de estar penando.
Venid a mi lado, justos,
escogidos de mi padre.

Demonio          Venid a mi lado, injustos,
cuantos mordaces dragones
sois tormento del profundo.

Niño             Gozad mi gloria, contentos.

Demonio          Gozad mi tormento oscuro.

Niño             Fiestas os hacen los cielos.

Demonio          Llantos os ofrece y humo.

Niño             Los paraninfos os abren
las puertas.

Demonio              Cerrojos duros
suenan. Mi puerta se ha abierto.

Niño             Ya entráis en el reino justo.

Demonio          Yo entro en mi reino también,
porque más secuaces juntos
lloren también los agravios
que nos hace el amor tuyo.

(Ábrese un infierno, y salen llamas para entrar el Demonio en él. Suben las almas y el Niño en su apariencia.)

| | |
|---|---|
| Vulcano | Él va muy bien despachado. |
| Julián | Laurencia mía, ¡qué gustos<br>siente el alma! |
| Laurencia | ¿No te dije<br>que era Dios piadoso? |
| Julián | Tuvo<br>misericordia de mí<br>su sacro amor. |
| Vulcano | Luego al punto<br>tengo de quemar la cama<br>donde estuvo el perro sucio. |
| Ciego | Bien haréis. |
| Vulcano | No sé qué diera<br>por haberle echado al punto,<br>entonces, la melecina. |
| Julián | ¡Ea!, amigos, todos juntos<br>hemos de dar a Dios gracias<br>de este bien. Luces al punto<br>sacad, y en la iglesia entremos. |
| Laurencia | Agradecimiento es justo. |
| Vulcano | Lo que falta de esta historia<br>es que el duque que esto supo<br>dio renta a aqueste hospital,<br>y en él acabaron juntos<br>muy santamente los dos. |

Los yerros y faltas que hubo,
perdonen vuesas mercedes;
así libres del astuto
Patillas se vean la hora
que partieren de este mundo.

Fin de la comedia

**Libros a la carta**

A la carta es un servicio especializado para
empresas,
librerías,
bibliotecas,
editoriales
y centros de enseñanza;
y permite confeccionar libros que, por su formato y concepción, sirven a los propósitos más específicos de estas instituciones

Las empresas nos encargan ediciones personalizadas para marketing editorial o para regalos institucionales. Y los interesados solicitan, a título personal, ediciones antiguas, o no disponibles en el mercado; y las acompañan con notas y comentarios críticos.

Las ediciones tienen como apoyo un libro de estilo con todo tipo de referencias sobre los criterios de tratamiento tipográfico aplicados a nuestros libros que puede ser consultado en Linkgua-ediciones.com.

Linkgua edita por encargo diferentes versiones de una misma obra con distintos tratamientos ortotipográficos (actualizaciones de carácter divulgativo de un clásico, o versiones estrictamente fieles a la edición original de referencia).

Este servicio de ediciones a la carta le permitirá, si usted se dedica a la enseñanza, tener una forma de hacer pública su interpretación de un texto y, sobre una versión digitalizada «base», usted podrá introducir interpretaciones del texto fuente. Es un tópico que los profesores denuncien en clase los desmanes de una edición, o vayan comentando errores de interpretación de un texto y esta es una solución útil a esa necesidad del mundo académico.

Asimismo publicamos de manera sistemática, en un mismo catálogo, tesis doctorales y actas de congresos académicos, que son distribuidas a través de nuestra Web.

El servicio de «libros a la carta» funciona de dos formas.

1. Tenemos un fondo de libros digitalizados que usted puede personalizar en tiradas de al menos cinco ejemplares. Estas personalizaciones pueden ser de todo tipo: añadir notas de clase para uso de un grupo de estudiantes, introducir logos corporativos para uso con fines de marketing empresarial, etc. etc.

2. Buscamos libros descatalogados de otras editoriales y los reeditamos en tiradas cortas a petición de un cliente.

Printed in Poland
by Amazon Fulfillment
Poland Sp. z o.o., Wrocław
09 June 2026

4dd51239-790f-48ef-967f-e4fd3bcc9380R01